Wisdom for Modern Life III

Shihyun Kim Ph.D.

Also by Shihyun Kim Ph.D.

500 Maxims of Wisdom from the Far East

Wisdom for Modern Life I

Wisdom for Modern Life II

Timeless Wisdom for the Modern World I

Timeless Wisdom for the Modern World II

Timeless Wisdom for the Modern World III

Wisdom for Modern Life III

Shihyun Kim Ph.D.

We want to hear from you. Please send your comments about this book to us in care of eternalspring2013@gmail.com.
Thank you.

Wisdom for Modern Life III:
Copyright © 2017 Shihyun Kim Ph.D.

ISBN-13: 978-0990531067
ISBN-10: 0990531066

I dedicate this book
to the readers

and

to becoming a light to brighten the world
among the darkness
of humanity.

CONTENTS

Chapter of Wu wei - Ziran : Non-action and Harmony with the Dao 무위자연(無爲自然)의 장 127

Preface

The reason why life is difficult and fearful is because we do not know the right way to go. Will we ever regret a choice that cannot be reversed or goes astray? What will happen tomorrow? Will we indeed be able to resolve the matters we encounter and be well? We, suddenly and often, are frustrated and seized with the feeling of anxiety during our hectic day-to-day life.

But wouldn't it be great if we knew the right direction, or could find exactly where to go at every crossroad and at every moment of choice in life because we have milestones and guidebooks to find the right ways? Of course, there are many great and helpful books around us, and they sometimes do have great advice. However, it is difficult to find the exact words that guide us, or touches our hearts during the moments we make decisions.

We do not need a book that is thrown out once read, but, instead, we need a book that unfolds and distills its ideas during our moments of decision making. We need a book that can be tasted and absorbed; a book that penetrates deeply between each line of text. This book is such a book. This book is truly a lucid guidebook in life given by the Korean ancients. It is a treasure of indisputable wisdom that can resolve any issues that life may beat down on us.

Perhaps when you open this book again you will think to yourself, "Oh, this sentence affects me today differently. Why do these words feel new today, just as if I'm reading it for the first time? The words have a deeper meaning today. How do the contradictions of life look so transparent today?" This is not from the theories of studies and knowledge from the world. It is because we need to comprehend the essence of wisdom by engraving the teachings in our hearts and even into our bones after reading it hundreds of times profusely.

If even one word from someone's life could be delivered to the next generation effectively and influentially, it would be great.

I believe that spending my own time to write this book was a huge benefit for my life, and it became a strength to be able to stay on this journey that benefits people. I am truly grateful for this opportunity and privilege that the universe has given me, with my head bowed deeply.

Words containing very kind and nice meaning can be said by anybody. But it is never easy for someone to take responsibility for their own words. It is natural that people try to find excuses or avoid responsibility if a problem occurs because of what they say.

I sincerely hope that as many readers find and read this book and have a chance to live their lives correctly with the teachings by having a small milestone and brightness in their lives. I wish for everyone to be happy by realizing that their lives are enjoyable and that they'd wait for tomorrow and slowly grow with fulfillment in life.

Shihyun Kim, Ph.D.

December, 2017

Chapter of Human Management
치인(治人)의 장

Learning Humans 사람 공부

What we mean by learning is completely about human relations.
* 우리가 말하는 공부란 100%가 인간관계이다.

No one in the world is entitled to dictate terms to others. You can't say, 'believe me, or follow me,' because it's all on their judgment about your behavior.
* 세상 누구도 남에게 이래라 저래할 권리는 없다. 나를 믿어라, 나를 따르라 할 자격도 없다. 네가 잘 하면 알아서 따를 것이고 네가 잘못하면 절대 따르시 않을 것이기 때문이다.

Behavior and words are with you, judgment is with others.
* 행동은 내가 하고 말은 내가 하지만 판단은 상대가 하는 것이다.

If you set your minds centered on yourselves, you will get wrong answers, while when you set your minds on others, you will get right answers.
* 나를 위해서 마음을 내면 오답이 나오고 상대를 위해서 마음을 내면 정답이 나온다.

Welcome whoever comes to you, for they have good reasons to be here to see you. By making good use of them, try to make a great contribution to the world, and get as much respect. Then, leave the world all of a sudden.
* 오늘 내게 오는 사람들은 이유가 있어 오는 것이니 모두를 거두어들이라. 그들을 잘 써서 세상에 큰일을 하고, 자신을 빛내어 존경받고 살다 홀연히 떠나라.

Your best assets are always human resources around you. But you cannot find the huge energy they keep because you are so self-centered.
* 사람한테 최고의 재산은 내 옆의 사람인데 나밖에 모르고 살기에 그 사람한테 있는 어마어마한 에너지를 보지 못하는 것이다.

Do not ever neglect a single word, because those words come to you for a reason. So never overlook them, that is what you should learn.

* 내게 들리는 말은 한마디라도 그냥 오는 법이 없다. 사람들이 헛말을 하는 것 같아도 나한테 필요하기에 그 말을 내놓는 것이다. 그러니 이것들을 무시하지 마라. 이것이 내 공부 자료다.

Even when somebody calls you names, try to take it well. When you try to sort out words according to your taste, you won't be able to cope with more difficult situations.

* 누가 나한테 욕을 했다면 그것도 거둬들이라. 내 입맛 따라 이 말은 골라 먹고 저 말은 쳐내버리면 충분한 재료가 모이질 않아 어려움이 왔을 때 풀어낼 수 있는 능력이 생기지 않는다.

If you like to only take from others, you are not a person of wisdom. A wise person would reject an offer that crosses the line, even though he or she would receive things with gratitude.

* 무조건 도움을 받는 사람은 지혜롭지 못한 사람이다. 주는 것은 고맙게 받아들이되 선을 넘는 것에 대해선 지혜롭게 거절할 줄도 알아야 지혜로운 사람이다.

Your life will be changed depending upon your attitude

towards others' words.
* 상대의 말을 얼마나 잘 경청하느냐에 따라 내 인생이
바뀐다.

If you don't listen to others, rather offending them with
your own words, the effects will come back to you just
like a boomerang. You may feel relieved temporarily,
but in time you will be in trouble.
* 상대의 말은 들어주지 않고 내 주장을 들이대서 상대
마음을 아프게 한 것은 정확히 부메랑으로 돌아온다.
지금은 속이 후련 할지 몰라도 곧 인생에 어려움이
닥쳐온다.

In any social stratum, each of you has your own business
to deal with in your own area. When you deal with it
successfully, you will be looked up to at the very level.
* 어떤 계층이건 자기 분야의 자기 할 일이 따로 있다.
그걸 잘 해서 자기를 빛낼 때 그 자리에서 존경을 받는
것이다.

Like it or not, there is a clear social strata in the world -
higher stratum with great energy by birth, middle class

with middle level of energy, and lower class with a little amount of energy. The fact that you have lower level of energy doesn't mean you belong to a lower class. It means your task burden is relatively smaller. Yet, even though your energy level is high, if you want to live a quiet life, not dedicating yourself in it, your life will be ruined in time.

* 싫든 좋든 우리가 사는 세상에는 분명히 계층이 존재한다. 나면서 기운을 크게 가져온 상급, 기운을 중간쯤 가져온 중급, 조금 가져온 하급으로 나뉜다. 하급의 기운을 가졌다고 해서 사람이 하급이라는 뜻이 아니라 할 일이 크지 않다는 말이다. 그런데 상급의 기운을 가졌음에도 조용히 살자며 자기 할 일을 다 하지 않는다면 그 인생을 망치게 된다.

The Importance of Dialogue 대화소통의 중요성

Human relations won't go awry unless dialogues between them discontinue. Troubles will always come when they have problems in dialogue.
* 사람관계는 대화만 충실하면 절대 잘못되는 법이 없다. '나는 모르네.' 하고 입을 닫고 뒤로 빠지면 금이 가고 어려워지기 시작하는 것이다.

Sincere dialogue is the key in human relations.
* 사람과 가까워지려면 정성을 다해 먼저 대화를 나누어야 한다.

If you are in trouble with someone, you should humble yourself and try to resume the dialogue. When trying dialogues, you need to humble your pride.

* 어려워진 관계는 내가 먼저 양보하면서 대화로 물꼬를 트려 노력을 해야 한다. 대화로 물꼬를 트는 데는 내 자존심 먼저 조금은 죽여야 한다.

When dialogue doesn't work well, humble your pride a little bit, and approach your counterpart with a smaller issue. If you would still hold your head up, and deal with major issues first, you won't be able to work it out.

* 대화가 안 될 땐 자존심은 조금 낮추고 작은 대화 먼저 풀어가야 잘 풀린다. 자존심은 조금 낮추고 큰 것을 풀려고 드니 안 되는 것이다.

Other will be humble only when you humble yourselves. If you assume an arrogant attitude, they will do the same as well. Then, the both parties will only put up their heads from haughtiness, which will only result in crash and collapse.

* 내가 먼저 낮출 때 상대도 낮추는 법이다. 내가 나를 높이면 상대 역시 머리를 치켜드니 이렇게 되면 뱀이 대가리 치켜든 것처럼 부딪쳐 절단이 난다.

Family without dialogue cannot be a family as it is meant to be any more. Even couples without dialogue would go astray and become distant, whereas those living apart in long distance would become close if they keep dialogue.

* 대화가 막히면 가족도 더 이상 가족이 아니다. 한 이불 속에 있어도 그 거리는 매우 먼 것이다. 대화만 잘 통하면 미국과 한국에 떨어져 있어도 도리어 가까운 것이다.

Loyalty 의리

You could eventually be responded with loyalty depending on how much effort you put for the person.
* 내 시간을 들이고 공을 들여서 저 사람을 위해서 얼마나 노력을 했느냐에 따라 노력한 끝은 분명히 의리로 돌아오게 된다.

When warmly received, it is only human beings that carry their gratitude beyond the grave, whether they may be a disembodied soul or a ghost.
* 잘해주면 죽어 영혼이 되고 귀신이 되어서도 그 고마움은 잊지를 못하는 것이 인간이다.

Only human beings are faithful to others to the end, paying back exactly with loyalty, as much as they have received. That is why you are asked to love others with all your heart.
받은 만큼 정확하게 상대에게 의리를 지킬 줄 아는 것은 인간만이 가능한 일이다. 그래서 정성을 다해 상대를 사랑하라는 것이다.

If you have not put any efforts for the person, do not expect any loyalty from him or her.
* 그 사람을 위해 내가 진정으로 노력한 것이 없다면 의리를 따지지 마라.

On the basis of 100, if you have made 70% of effort for someone, he or she will never betray you by all means even in the face of the gunshot or life-and-death situation. No betrayal guaranteed.
* 의리를 100 이라고 놓고 볼 때 상대에게 노력한 것이 70%가 차면 총으로 쏴도, 목숨을 걸어가도 의리를 지킨다. 절대 배신이란 것을 하지 않는다.

How would people be loyal to you? According the principles of Mother Nature, human behaviors also follow 3:7 laws. When you put 70% of effort for the person, he or she will surely return to you with loyalty.

* 언제 의리를 지킬 수 있는가? 대자연의 법칙에 따라 사람의 행동작용 역시 3:7 의 법칙에 따른다. 내가 저 사람을 위해 70%를 노력했다면 저 사람은 분명히 나에게 의리를 지키게 된다.

In the Korean movie "King Kwanghae,"after the king's guard realizes the king is a fake, he is still loyal to him, and risks his life for him. Why? All but the fake king around him has only taken advantage of him, and no one has ever identified him. The bodyguard is cherished and taken good care of by the king himself, even though the guard didn't know he was fake by then. But, even after he gets to know the king is not real, the king is still real at least to the bodyguard. The guard risks even his life for the one who understands and cherishes him. This is man, and this is loyalty.

* 광해라는 영화를 보면 임금의 호위무사가 자신이 지키는 임금이 가짜라는 것을 알고도 그에게 목숨을 내놓는다. 왜 그럴까? 다들 무사를 이용할 줄만 알았지 그를 알아주는 사람은 없었던 것이다. 가짜 임금이 무사를 자기 몸같이 아껴주니 비록 진짜가 아님을 알았어도 무사에게는 이 사람이 진짜 임금이었던 섯이다. 자기를 알아주는 사람을 위해서 목숨을 버릴 줄 아는 것이 사람이고 이것이 의리다.

Do not name it 'betrayal.' You haven't cared for the man, always keeping them by your side. They naturally leave you after completing what they were supposed to do. They are making their own way after realizing you are not helpful to them life and it's waste of time.

* 배신이라는 소리를 하지 마라. 사람을 곁에 두고도 노력한 바가 없으니 자기 할 짓을 하고 가는 것뿐이다. 내게 해줘야 할 일은 못했으면서 시간만 낭비하고 인생에 도움이 안됐으니 할퀴고 가는 것뿐이다.

Do not think someone has betrayed you. Even though the term 'betrayal' exists in the dictionary, indeed, they would not betray in the real world as long as you do whatever you are supposed to do as a human and make every effort for others. They will never stab a dagger in your back.

* 누가 나를 배신했다는 생각을 하지 마라. 배신이라는 단어는 있으되 세상에 배신은 없다. 내가 사람으로서 할 행동을 바르게 하고 상대를 위해 노력했다면 그 사람이 나를 다치게 하는 짓은 절대로 하지 않는 법이다.

If someone in a lower position sacrifices themselves for you and is loyal to you, will it be alright for you to risk your life to return the loyalty? No. You should not be like that. Rather, you'd better return their loyalty by pledging 'I will live the rest of my life for you,' 'I promise I will make your sacrifice shine to others.' This is the way you return the loyalty as a leader.

* 아랫사람이 나를 위해 희생하였다면 윗사람도 의리를 지키겠다며 목숨을 버리는 것이 바른 행동인가? 아니다. 윗사람은 달라야 한다. 네가 살지 못한 인생을 내가 마무리해 주리라, 네 희생을 헛되지 않게 빛나게 해주리라. 이렇게 해서 의리를 지켜내는 것이 윗사람의 본분이다.

If someone in the lower position has sacrificed oneself to pass away for you, you should put harder efforts to compensate his or her sacrifice by leading brilliant lives. That is the way to return their loyalty, and make their sacrificial virtue better known to others.

* 아랫사람이 희생을 하고 먼저 갔다면 그것을 거름삼아 먼저 간 사람의 몫까지 살아주려 노력하는 것이 의리를 지키는 것이고 희생한 이의 공덕을 빛나게 해주는 것이다.

Charity 도움의 손길

Consideration for others is the virtue of competent people towards incompetent people. Then, who is real competent person? One is a person of intelligence. Therefore, consideration and help in true sense are something that is supported by those people of intelligence with its quality of lives increased.

* 배려는 힘 있는 자가 힘없는 자에게 하는 것이다. 그렇다면 힘 있는 자는 누구인가? 지식이 있는 자를 말한다. 지식이 있는 자가 사람을 도와 그 삶의 질량을 높여주어야 진짜 배려고 도움이다.

"How could we make worthy lives as humans? How could we live our lives in win-win situation?" You have to answer to these kinds of questions, spread them to others, using your talents. Writers can include such ideas in their writings, and, the same way, movie producers can include them in movies. Likewise, music, drama, enterprise etc can be used as instruments for spreading such ideas.

* "어떻게 살아야 사람답게 살 수 있는가? 어떻게 살아야 상생이 되는가?" 이런 것들을 밝혀 우리가 가진 재주 안에 담아 뿌려주어야 한다. 글 잘 쓰는 이는 글에 담아 뿌리고, 영화를 만드는 이는 영화에 삽입해 뿌려야 한다. 음악도, 연극도, 기업도 그러한 바탕에서 인류에게 필요한 정신문화를 담아 뿌려 주어야 한다.

If you give your bread for others and you starve, or if you lend money for others and you are short of it, it's not a sacrifice in a true sense.

* 남에게 밥을 주고 나는 굶고, 남에게 돈을 주고 나는 가난하게 사는 것은 희생이 아니다.

If you live a right and good life, it will make a sacrifice per se.

사회를 위해서 내 삶을 바르고 성실히 살면 그 스스로가 희생이 된다.

Real sacrifice and service are something that you could do by humbly making dialogue, not pushing your own way, with the hope that others would succeed in life.
* 내 방법대로 일이 이루어 지게하기보다 상대가 잘 되길 바라는 마음으로 의논동참 하는 것이 진정한 희생이고 봉사다.

Do not insist your own ideas to take something from others, but try to think how you could be a help them to succeed. That will be a great help and service for them.
* 내 방법을 들이대 그 사람으로부터 취하려 들지 말고 상대를 어떻게 하면 잘 되게끔 해 줄 수 있는가 하는 마음을 가져라. 그게 상대를 위하는 봉사다.

You should practice the virtues to the karmas you receive in the order as follows - family, friends, nation, and mankind.
* 내게 온 인연에게 덕행을 할 때 가족이 제일 먼저요, 다음이 친구요, 그 다음이 국민이요. 그 다음에 인류에 행하여야 한다.

Behind the troubles that you currently suffer, getting

tougher as time goes by, there exists your selfishness. *
* 너밖에 모르고 살았기 때문에 발등에 불이 떨어졌고
시간이 갈수록 어려워지고 있음을 분명히 알아야 한다.

You have to keep your behaviors favorable to all the
karmas to come unto you in order to succeed in your
lives, and enjoy your lives in happiness and abundance.
Until then, your misfortune will not disappear.
* 우리의 삶이 좋아지고 웃고 살면서 필요한 것들이 다
오게 하고 싶다면 내 앞에 오는 인연한테 덕 되게 행해야
한다. 그 전에는 절대 네 발등의 불이 꺼지지 않을 것이다.

True Virtue 진정한 덕

If you intend to help others materially, devote your body, soul and time as well for them.
* 사람을 물질로 도울 때는 들인 물질 만큼 내 몸과 마음 그리고 시간까지도 투자해서 이끌어줘야 한다.

 Let's say you give a person one thousand dollars. Just contribute money and concern to them wholeheartedly. Money itself won't do so add your heart and soul to it.
* 내가 백만 원으로 도우면 내 고통도 백만원어치 따라가서 노력을 해줘야지 돈만 주고 내 고통이 안 따른다면 그 사람에게는 해가 되고 만다.

Don't be recklessly possessed with the illusion that you are helping someone only because you give him or her a certain amount of money. Instead, as you deprive them of the chance to build up the capability to process oncoming problems, you may well think that you can be obstacles in their way.

* 물질을 주면서 함부로 도왔다는 생각을 하지마라. 그 사람 인생에 다가오고는 일들을 처리할 능력을 키우지 못하도록 내가 방해했다고 생각을 해야 맞는 것이다.

If you happen to meet a person who helps you understand certain things, it means you are with a person of real ability. So, all your troubles will be solved. On the contrary, if you are not with one of understanding, your problem won't disappear, for he or she is not a person of ability after all.

* 나를 이해시켜주는 사람을 만났다면 실력있는 사람을 만난 것이니 모든 어려움이 풀릴 것이고, 나를 이해시켜주지 못하는 사람을 만났다면 실력없는 사람을 만난 것이니 어려움은 풀리지 않는다.

If you say, 'I will help others when I make enough money', it sounds like 'I have no intention to help others.' If you really are to give others your helping hand, just do it right now right in your surroundings.

* "나도 돈을 벌면 그 때 남을 돕겠다!" 라는 말은 "나는 남을 도울 생각이 없다."는 말과 같다. 정말 남을 돕고 싶다면 지금 처해진 상황에서 행하면 된다.

If you have enough money, help others with it and if you don't, you can find another way to help them.
* 돈이 없으면 없는 데서 도울 일이 있고 있으면 있는 대로 도울 수 있는 일이 있다.

Giving away substance is not a great help. You will find the way to help others if you kindly treat them and pay attention to what is said.
* 물질을 주는 것은 돕는 게 아니다. 내게 온 사람에게 친절히 대해주고 그 사람이 무엇을 이야기하든 경청하려는 노력을 하면 그 사람을 도울 수 있는 방법이 생긴다.

Those who are needy don't come to you to get some money from you, but to speak out and seek solutions to their problems.
* 돈없는 사람한테는 돈으로 도움 받으려고 찾아오지 않는다. 말로 속을 털어 놓은 뒤에 답을 얻기 위해서 오는 것이다.

All you have to do is listen to what you are told. Then you will be able to come up with the answer to seemingly inexplicable matter which we can't solve even with fortunes, either.
상대 말을 끝까지 잘 경청해주면 그 사람이 절대로 찾을 수 없는 것, 돈으로 해결할 수 없는 답이 나와 문제가 풀리는 법이다.

If you earnestly act on the principle that brings yourself virtuousness for the sake of others, your energy will be full of vigor and that energy will increase so that you can help those who are closely tied to you.

* 진짜 남을 위해서 덕 되게 사는 원리를 잡아 행한다면 네 기운은 스스로 왕성해져서 더 많은 인연을 도울 수 있는 에너지는 덤으로 온다.

Energy will arise inside of you automatically for you to do your task well no matter how many people gather around you. There will be no situation in which you are not able to work for the absence of tools.

* 아무리 많은 사람들이 와도 그 사람들을 위해 일을 할 수 있는 에너지는 스스로 생긴다. 일을 하는데 연장이 없어 못하는 일은 절대 생기지 않는다.

Once you straighten out problems thoroughly, it will not recur again. But if not in orderly fashion, you can't help but watch similar problems repeat over and over. It is a kind of warning that includes the saying, 'One misfortune rides upon anther's back'.

* 나쁜 일도 바르게 정리하고 나면 두 번 다시 안 온다. 하지만 이걸 바르게 정리하지 못하면 나쁜 일은 반복해서 온다. 한 번 안 좋은 일이 왔다는 것은 이걸 해결 못하면 또 다른 나쁜 일이 온다는 예고장까지 포함되어 있기 때문이다.

If you cure the sick with the power you possess, don't do any self-praise of your good conduct. It is just an expedient to persuade them into what you are to say.

* 아픈 사람을 낫게 해 줄 힘이 있어 낫게 해주어놓고 이것을 가지고 공치사를 하면 안 된다. 아픈 사람을 낫게 해 준 것은 내 말을 듣게끔 하려고 방편으로 한 일에 불과하다.

By enlightening others how to live right, their illness will disappear and get out of their trouble, which is genuine help.

* 인생을 바르게 사는 법을 깨닫게 해주면 아팠던 것이 다시 안 아파지고 어려웠던 것이 다시 어려워지지 않게 되니 그것이 진정한 도움이다.

Those who come to visit you must have lower level of energy to get your heightened energy. So by carefully listening, you can present them with the fundamental solution.

* 나에게 무엇인가 말을 하러 찾아온 사람은 기운이 저하되어있는 사람이고 나는 상승된 기운이 있는 사람이다. 그러니 말만 잘 들어주면 상대를 도울 수 있는 근본의 답을 내줄 수 있다.

Make good use of what Mother Nature gives to you and don't try to hand it to others. Instead, lead people around you to live intellectually by showing them your wise accomplishment. Then the virtues you conduct can spread among people. This is the true help.

* 대자연이 너에게 준 것은누구를 주려고도 말고 네가 잘 쓰라. 이것으로 네 주위 사람들이 지적으로 살 수 있도록 이끌어주라. 그럴 때 그 덕이 온 백성에게 미치니 이것이 진정한 도움이다.

By giving away without expecting the price to pay, you will get their trust.

* 대가없이 주는 만큼 상대는 나를 믿어 준다.

The reason to win their trust is to have an opportunity to tell what is right to them. When you convey the truth and they accept what you say, you are a genuine helper.

* 왜 상대가 나를 믿게끔 만들려 하느냐? 상대에게 바른 말을 해주기 위해서다. 상대에게 바른 말을 해 줬는데 상대가 받아먹을 때 진정 남을 도운 것이 된다.

However wise your answer may be, you need to act in line with others' energy.

* 비록 내가 지혜의 답을 알고 있있을 지라도 상대의 근기(根氣)에 맞게 줘야 한다.

Even though you apply an unparalleled law to them, it won't be effective unless you soothe their minds first.

천하 없는 좋은 법을 가져 왔어도 사람을 어루만져 주는 것부터 시작해야지 무조건 들이대면 화를 내고 듣지를 않는 법이다.

Heo Jun, a court physician in Chosun Dynasty in Korea, got his reputation for his book Dongui Bogam, "The Wonders of Eastern Medicine". But, in fact, the book has its power from both Heo Jun's innate vitality and material. 70 percent from material and 30 percent from his energy give full scope to its ability.

* 허준의 동의보감(東醫寶鑑)이 대단하다고 하지만 사실 동의보감의 능력은 '물질+허준의 원력(原力)'이다. 물질은 **70%**의 힘을 내고 허준의 기운이 **30%** 들어가서 병을 낫게 한 것이다.

Even though you apply remedies learned from the writing to patients, it won't necessarily work. We normally owe their recovery from the sickness to the material remedies but the very 30 percent of physician's energy does a greater job for the therapy.

* 아무나 동의보감의 처방대로 약을 지어 준다고 듣겠는가? 안 듣는다. 약 성분 탓에 낫는다는 생각은 착각이다. 처방을 주는 사람의 기운이 **30%**가 실려야 병이 낫는 법이다.

Depending on how sincerely you care about the one who is closely associated with you, he or she will be gradually cured with your innate energy and just small amount of water.

* 인연으로 온 사람을 위해서 내가 얼마나 노력을 했느냐에 따라 '내 원력+ 물' 만 줘도 병은 낫는 법이다.

We have no qualification to compel others to do this or that, for Mother Nature hasn't permitted it. See that each has one's own way of life.

* 저 사람이 저렇게 하고 싶어 하는 것은 저 사람 인생이다. 남에게 이렇게 하라고 강요할 자격은 대자연이 우리한테 주지 않았다.

Mother Nature has never done anything regretful to you. She grants you everything you want but as you lose your wits and are biased, you don't fathom the depth and things look unsatisfactory. So things get twisted.

* 대자연은 단 0.1mm 도 네게 섭섭할 일을 준 적이 없다. 전부다 필요한 것을 바르게 줬는데 네 분별이 한 쪽으로 치우쳐 있기에 그 깊이를 보지 못하고 이것을 섭섭하게 생각한 것이다. 그래서 일이 다 비틀어진 것이다.

Misleading Help 잘못된 도움

If you have a chance to give some money to others, don't see it as an act of help. But just invest them with the bona fide sense of encouragement, believing in their upright personality. After you see those bear fruition, draw in the gain and keep it to have another chance to back up those people. Just giving away is not called an act of help.

* 꼭 돈을 줘야 할 때는 내가 돕는다는 생각은 말고 그 사람이 하는 일이 반듯하니까 거기에 힘을 실어준다는 생각으로 투자를 하라. 이렇게 힘을 받쳐줘서 소득이 있고나면 다시 찾아서 보관을 해 놓고 다시 그런 사람의 힘을 받쳐주는 것이 남을 돕는 것이다. 그냥 줘 버리는 것은 남을 돕는 게 아니다.

You may complain that 'The greedy seem to live in peace and comfort, but why is my life like this, though I am good to others? I do an act of charity such as serving meals and clothes, but I don't manage to go to hospital to treat myself when sick and besides, nobody helps me. This is a rough world we are living in.' Mother Nature has not told you to give yours to the poor. It's up to your own judgement.

* "욕심 많은 사람은 잘도 사는데 착하게 사는 나는 왜 이러냐?"고 원망을 한다. "없는 사람에게 밥을 주고 옷을 주어 자비만 베풀고 살았는데 내 육신에 병이 오니 병원에 갈비용조차 없고, 도와주는 사람 하나 없다. 세상이 이렇게 각박하냐?"고 한탄을 한다. 대자연은 불쌍한 사람에게 네 것을 주라고 한 적이 없다. 그것은 네 분별이었을 뿐이다.

You need to make use of what is given by Mother Nature with discretion but you are imprudent to give away what you possess to others and now you are in need of money. It serves you right.

* 대자연이 네게 준 것은 네가 판단해 바르게 써야 마땅한데 불쌍하다고 함부로 남을 줘 버리고나니 정작 너는 쓸 게 없는 것이 당연하지 않는가?

You are not decent if you blame others for not helping you after you are too generous with your money. You make others who you help mean-spirited and so you cause yourself to take a servile attitude.

* 남 걱정한답시고 퍼주어 놓고 정작 네가 없을 때는 남이 돕지 않는다고 탓하며 도와주길 바란다면 이는 비굴한 것이다. 네게 도움 받은 사람들을 비굴하게 만들었으니 너 또한 비굴하게 살아야 하는 결과를 낳은 것이다.

If you give what is given to you to others, you will get to lose everything in the end. Do you mistakenly think God can't give money to someone directly and so gives it to you to let you do that for him or her? Is God that unfair?

* 네게 준 것을 남에게 주기 시작하면 하늘이 하나, 둘 다 빼앗아 버릴 것이다. 하느님이 직접 그 사람한테 돈을 못 줘서 네게 주라고 너에게만 돈을 주셨단 말인가? 하느님이 그렇게 불공평하시단 말인가?

If you do yourself proud by merely giving what you presently have to others and consider it a great help, you will get hit the back of your head by them a few years to come. Those to whom you give money will find faults with you.

* 내가 가진 것을 남에게 주고 그걸 도운 걸로 착각한다면 몇 년이 지나 내가 도와주었던 사람이 나를 헐뜯고 험담하는 등 정확하게 뒤통수 맞을 일이 온다.

God is your parent and such God has good reason to take your energy back. Unless you realize the logical connection, you and those who get your help will lose all

the things you have.
* 하느님은 너의 부모이시다. 그런 하느님이 너의 기운에너지를 거둬 가실 때에는 다 그만한 이유가 있기 마련이다. 그걸 깨우치지 못하면 아무리 줘도 뺏기고 너를 도와준 사람 것마저 다 뺏기고 만다.

If you are too good to the poor and needy too often, your act is like injecting them with poison. You need to clearly draw the line somewhere.
* 어려운 사람에게 너무 잘해주는 것은 그에게 독을 주는 것과 같다. 적당한 선을 분명히 지킬 줄 알아야 한다.

Breaking the rule of 3: 7 ratios will cause antagonism between the two parties
* 3:7 의 질서가 깨져버리는 만큼 서로 미워하는 결과를 낳게 된다.

Win-Win (Mutual Advantage) 상생

You can help with what someone cannot do, and someone can help with what you cannot do. Therefore, we should respect and cherish each other. That is how win-win would occur.

* 저 사람이 못하는 것은 내가 해주고 내가 못 하는 것은 저 사람이 해주니 서로 감사하고 존중하라. 이럴 때 상생이 일어나는 것이다.

When you practice virtues for your friends or spouses with all your heart, win-win situations would come from the other parties.

* 친구를 위해서, 배우자를 위해서 먼저 내 마음을 다할 때 상생의 기운은 상대에게서 스스로 우러나는 것이다.

Just as children do their duty of filial piety when parents practice their love for them, people would get attracted to you when you practice your duty for others first. Win-win occurs this way.

* 부모가 자식한테 먼저 행하고 나면 자식이 효를 하듯이 내가 상대를 위해 행하고 나면 상대는 저절로 끌리는 마음이 일어 나를 위하니 이 때 상생이 이루어진다.

Sometimes, people would ask people to join their own ways and ideas, but in more often times, they would only force them in a risky way, not leading in win-win principles. That is why they will fail.

* 함께 상생하자며 '내 방법에 동참하자, 내 논리에 화합하자.'는데 이것은 상생이 아니라 사생결단이다. 그래서 이루어지지 않는 것이다.

When people come to you, they seek for some benefits from you. So, it is you who is given the chance to practice virtue. Thus, win-win is to practice first for those who come unto you.

* 내게 오는 사람은 내 덕을 보기 위해서 오는 것이다. 그러니 덕행 할 수 있는 길은 내게 열려있다. 찾아오는 자에게 내가 먼저 행하는 것이 상생이다.

Let's say, you treat others with foods, or wealth, or you

humble yourself to deliver good words for them, or become patient. You cannot say it's to practice win-win principles per se, but it's necessary for you to do those things for preparations to have win-win situations to come.

* 밥을 주고, 재물을 나눠주고, 자세를 낮춰주고, 좋은 말을 해주고, 참아주는 것은 상생이 아니라 상생하기 위한 포석에 불과하다. 신용을 얻기 위한 밑작업을 하는 것이다.

To lead others to live their lives the right way is to help them in real sense, and to practice virtues. Win-win begins with others having minds to treat you well in return for your virtues.

* 인생을 바르게 살도록 이끌어 준 것이 도운 것이고 참된 덕행을 한 것이다. 그러고 나면 감사하고 고마워 나에게 무엇이든 해주고 싶은 마음이 드는 것, 이것이 상생이다.

Win-win is more about affectionate words for those karmas who come unto you, than about material benefits.

* 상생은 내게 오는 인연들에게 말 한마디 따뜻하게 해주고 바르게 대해 주는 것이지 물질을 주는 것이 아님을 알라.

For instance, let's say, a customer visited your restaurant. The owner served one with food, and the customer paid for the food. Is it the case of win-win? No. They have had a trade of material, not a win-win situation.

* 식당을 하고 있는데 손님이 찾아왔다. 주인이 음식을 해줬고 손님은 돈을 주고 갔다면 이것이 상생일까? 아니다. 물질을 주고받았을 뿐 아직 상생한 바는 없다.

You served the customer with all your heart, so the customer has become a patron for your restaurant. Now, you get to deliver them with good words for their life, so they keep them in their mind to carry out through their life. That is win-win situation.

* 손님에게 정성껏 음식도 해 주고 말도 친절하게 해주면 단골이 되고 믿어줄 때 온다. 이 때 바르게 사는 법을 전해주면 인생을 살아가는데 좌표가 되고 덕이 되니 이것이 상생이 된다.

Those coming to you are mostly in trouble, so they would like to talk a lot to you due to their anger. Listening carefully to them is the bottom line in win-win.

* 어려워서 나를 찾아온 사람은 자신의 화를 풀지 못해 많은 말들을 풀어놓는다. 이 걸 잘 받아주는 것이 상생의 근본이다.

If you have trouble in communication with them, you could never reach win-win situation.

* 말이 안 통하면 절대 상생은 안 이루어진다.

If you have chance to help others somewhere, you would surely have something to get from them. If you don't find anything from it, you have done it in wrong way.

* 어려운 곳에 가서 도와줄 일이 있다면 나또한 그 안에서 분명히 찾아올 것이 있다. 그것을 찾지 못 했다면 이것은 바른 짓이 아니다.

There is nothing that win-win does not work in Mother Nature. If you don't find any win-win principles that work, your help was in vain.

* 대자연에는 상생이 되지 않는 것이 단 한 가지도 없다. 상생을 하지 못했다면 도운 것이 아니다.

If you have practiced win-win principles for someone, he or she will make their way well through whatever they do.

* 내가 제대로 된 상생을 했다면 상대가 하는 일마다 잘되고 좋은 일을 맞이할 것이다.

When you help someone in trouble, you should find lessons from those you help with. You should find bad cases in them, taking it as your own lesson not to live such way. That is how those people make return to society and how win-win goes.

* 봉사를 하러 가면 "이 사람이 바르게 살지 못하고 착하게만 살았구나. 그래서 나를 깨우쳐 주기 위해 이런 교과서 노릇을 하고 있구나." 하고 깨달아 냉철하고 바르게 사는 자세를 갖추어야 한다. 이것이 어려움을 당한 사람들의 사회환원이고 상생인 것이다.

Do you think God would hate those welfare beneficiaries, which is the reason that God leaves them in such trouble? You should know that God is watching over those in trouble patiently, only to give lessons to those in healthy lives. God is waiting for the time when you live altogether in win-win.

* 하느님이 복지수급자들이 미워서 어렵게 만든 줄 아는가? 성한 사람들을 깨우치게 하려고 하느님은 고통 속에서 피눈물을 흘리시면서 그 사람들을 바라보고 계신다는 사실을 알아야 한다. 우리가 서로 상생하길 기다리고 계시는 것이다.

If you keep your skills hidden in fear that others would take them out of your hands, you will not have a chance to use those skills because they become old fashioned and disappear afterwards. It is purely your nonsense.

* 내가 가진 기술을 다른 사람이 쓸까봐 감추어 두면 나중에 구식이 되어 쓰지도 못하고 소멸하게 된다. 이것은 착각이다.

If you have developed something new, you should bring it out to the world and share with others. That is how you can make it even better and bigger. But if you try to keep it in your own hands, no win-win principles would go, so there won't be any growth.

* 내가 개발한 것이 있다면 세상에 가져나와 다른 사람들이 쓰게 해야 한다. 그럴 때 더 큰 것이 보이고 개발되는 법인데 내 것이라 붙들고 안 뺏기려 하다 보니 상생이 안 되고 성장이 안 되는 것이다.

Job, Occupation 직장, 일자리

Competition has been an instrument for social progress so far. But, if you would keep competing after a certain degree of progress, society will collapse after its consecutive disharmony. It is the destined misery for the competitive society.

* 이때까지는 경쟁을 하지 않으면 사회가 발전하지 못하는 시대였기에 경쟁을 하게끔 이루어졌던 것이다. 하지만 이렇게 1 차 성장이 끝났는데도 경쟁을 계속한다면 한 군데가 망하고 또 다른 경쟁자가 나와서 또 한 쪽이 망하고 지그재그로 망하다가 마지막엔 총체적으로 망하게 된다. 이것이 경쟁 사회의 말로다.

Now, we need to get out of such competition. Then, what should we do? You should seek for what you are supposed to do.

* 이제부터는 경쟁사회로부터 벗어나야 한다. 그러려면 어떻게 해야 하나? 내 할 일을 찾아 해야 한다.

Competition occurs when you do someone else's job. Heaven endows every one with his or her own gifts; so, every one is born with differences. That is why you could evade competition if you find what you are, and make your own way.

* 남의 할 일을 내가 하려드니 경쟁을 하는 것이다. 하늘은 저마다에게 소질을 주었기에 사람마다 갖춘 소질이 다 다르다. 그렇기에 나를 알면 경쟁을 하지 않고도 내 할 일을 찾을 수 있게 된다.

As those who get paid daily should accomplish a daily task, those who get paid monthly should accomplish a monthly task. Likewise, those who get paid annually would plan to accomplish annual tasks. But, if someone who gets paid annually tries to accomplish monthly tasks, his job is considered as low level.

* 일당 받는 사람은 하루에 일한 성과를 내야하고, 월급을 받는 사람은 한 달에 성과를 내야하며 연봉을 받는 사람은 한 해에 성과를 내는 일을 해야 한다. 그런데 연봉을 받는 사람이 한 달에 성과를 내려고 한다면 이것은 수준 낮은 일을 하고 있는 것이다.

97% of new business starting after retirement will fail. It is because you have neglected to discipline yourself, but been only greedy for making more money. How come the remaining 3% do not fail? It is because they try hard to offset their shortage without greed.

* 퇴직해서 바로 창업을 하면 97%는 망한다. 나를 갖추려는 공부는 등한시 한 채 돈 벌 욕심 먼저 냈기 때문이다. 그러면 나머지 3%는 왜 안 망하는가? 욕심을 내지 않고 스스로의 모자람을 갖추려 노력하니 망하지 않는 것이다.

When you retire, schedule minimum 7 months, or maximum 3 years for learning. When you learn 7 months, you will earn as much value as 7 months, and when you learn 3 years, you will earn as much value as 3 years.

* 퇴직을 했다면 최하 7 개월, 길게는 3 년을 내 공부시기로 잡아라. 7 개월을 공부하면 7 개월의 가치를 얻을 것이고, 3 년을 공부하면 3 년의 가치를 정확히 얻을 것이다.

Try to find what keeps you from working for the job. You need to find out the justification and reasons to risk your neck for your jobs.

* 직장에 다니는 당위성을 찾아야 한다. 내 인생을 그 곳에 거는 명분과 당위성을 찾아야 한다.

Promotion 승진

When people call you supervisor, you have to take it as a call to learn to be supervisor. When you are well prepared to execute the job as supervisor, you will be naturally promoted to a manager position. You are sent to the next stage of learning because you are done with the position.

* 사람들이 '과장님' 하고 자꾸 불러주면 이제 과장이 되었으니 지금부터 과장공부를 하라는 뜻이다. 실력이 채워져 과장역할을 제대로 하면 자연스럽게 부장자리로 올라간다. 그 자리 일을 다 배웠으니 다음 공부를 하라고 보내는 것이다.

When you are just promoted to manager position, try to learn what you need to learn to be a manager. Otherwise, only showing haughty attitude as manager, you will lose all opportune chances for learning. Now, you will only be expected to collapse, not to be promoted.

* 부장이 됐는데 부장공부는 안 하고 부장 행세를 하면 실력이 갖춰지지 않아 멈추어 버린다. 그러면 이제부터는 올라갈 일은 없고 떨어질 일만 남는다.

When you are placed in a position for your work, you have to take it for a chance to learn. Therefore, you have to cherish co-workers, and keep conversing with them. Throughout the efforts, you will be able to learn the basics, and be equipped with ability, so you will handle every thing easily. Then, the next step will only be a promotion.

* 직위를 받으면 착실히 배우는 마음으로 동료들을 존중하고 함께 의논하며 공부삼아야 한다. 이런 노력을 할 때 내공이 쌓이고 실력이 갖춰져 맡겨진 일마다 잘 처리하니 다음 단계로 빠르게 승진하게 된다.

Humbly prepare yourselves in the position. Then, you will surely have chance to be promoted.

* 지금의 자리에서 겸손하게 너를 갖추라. 그러면 그 윗자리로 갈 일이 분명히 생긴다.

Chapter of Wellbeing of People
안민(安民)의 장

Social Education 사회 교육

One is said to be happy with a lot of wealth, but another to be poor in poverty. One has been cheated, and another has been assaulted by others. The person who used to be very wealthy is now bankrupt, and in total failure. These are the teachings you get from experiences in the world.

* 누구는 재산이 많아 행복한데 누구는 가난하고 어렵게 살더라. 누구는 사기를 당하고 누구는 멱살을 잡히더라. 한때 부귀를 누리며 으스대던 사람이 어느 날 망해 울고 있더라. 이 모든 것을 보며 왜 그런가를 생각해 보는 것이 사회 공부다.

To get educated is to increase the quantity of knowledge of our souls. When we have the quantity of your knowledge of our souls increased, we would improve our discernments in whatever we come across.

* 교육을 받는다는 것은 우리 영혼의 질량을 좋게 만드는 것이다. 내 영혼의 질량이 좋아지면 무엇을 접하든 바른 분별이 난다.

There are two different types of knowledge – one is general knowledge that you learn at schools, and the other is distinctive knowledge that you learn in the world.

* 지식은 학교를 다니며 배우는 일반지식이 있고 사회에 나가 사람들을 대하며 배우는 특수지식이 있다.

The general knowledge that you learn at schools is about knowledge, logic, intelligences etc that have been passed down to you from ancestors.

* 학교에서 배우는 공부는 과거 선조들이 살아오면서 쌓아놓은 지식과 논리 그리고 정보를 배우는 역사공부다.

However, the knowledge that you learn at schools gives

you only 30% of intelligence from the past. For today what we suppose to equip is the learnings from our surroundings in the world of 70% on the top of 30% from the past.

* 학교에서 배우는 지식은 과거의 것을 통해 30%의 정보를 받는 것에 불과하다. 오늘날 우리가 갖추어야 할 공부는 사회 환경을 통해 배워야할 나머지 70%의 사회공부다.

Have you not seen those who have been arrogant with their prestige, but, afterwards, forced out of the place to learn again? Have you not seen those who would resume their lives from the bottom, after wasting all their time, being greedy only for wealth, unprepared with personality? Have you not seen the Mother Nature's teaching that there is no other way to be happy without having your upright personality? All these are live teachings of the world.

* 높은 자리에서 잘 났다고 으스대면 제자리로 내려 보내 다시 공부시킴을 보지 않더냐? 인성은 갖추지 않고 재물을 탐하면 시간만 낭비하고 바닥에 떨어져 다시 시작해야함을 보지 않더냐? 너 자신을 갖추지 않고는 행복하게 살 수 있는 방법이 절대 없음을 대자연이 보여주지 않더냐? 이 모든 것이 살아있는 사회공부다.

Learning for Those in Upper Position   윗사람의 공부

There are upper and lower positions in any part of this world. Those in upper positions are obliged to put effort for those in lower positions, and those in lower positions to learn from those in upper positions.

* 어떤 분야든 아랫사람이 있고 윗사람이 있기 마련이다. 윗사람은 아랫사람을 위해서 노력을 해야 될 의무가 있고 아랫사람은 윗사람에게 배워야 할 의무가 있는 것이다.

The upper are named that way for they teach, while the lower for they learn. That is why the lower should follow the upper.

* 가르칠 수 있으니까 윗사람이고 배우니까 아랫사람이다. 그래서 아랫사람은 윗사람을 따라야 하는 법이다.

If you are too kind in teaching to those in lower positions, you spoil him to be weak, so that they can't grow to move up to upper positions. That is why you should not exceed 30% limit when teaching the lower.

* 아랫사람을 가르치는데 있어서 동정이 너무 앞서면 아랫사람을 크지 못하게 방해하는 것이 된다. 그래서 윗사람이 아랫사람한테 잘해주는 것은 30% 선을 넘어서는 안 된다.

If you help the lower with exceeding kindness, one would become too dependent, and incompetent, so that he or she cannot make their own way through their lives. That is why you should not exceed the 30% limit when helping others.

* 아랫사람을 너무 도와 주면 의존성이 커지고 분별력이 떨어져 스스로 자립하고 개척하는 능력을 갖추지 못해 어려움을 겪게 된다. 그래서 도와주는 것도 절대 30%선을 넘지 말라는 것이다.

If you are too receptive in dealing with the lower, always saying 'yes, yes,' you will spoil them. Once you spoil them over time, you will be hurt by getting hit by them in the end.

* 아랫사람에게 '간섭 말아야지, 잘해줘야지.' 하면서 '오냐, 오냐.' 한 것은 방치 한 것이다. 아랫사람을 방치해 나쁜 버릇이 들고나면 그 화살이 정확하게 나한테 돌아와 아프게 하는 법이다.

If the superior only keeps silent, the junior will be negligent, thinking you do not make any effort. So, you will be in trouble afterwards. Therefore, you'd better take a chance to correct their faults in a timely manner, and give advice to them sternly when needed.

* 윗사람이 너무 입을 다물면 무관심 한 게 되고 노력을 안 한 것이 되기에 나중에 분명히 어려움을 당하게 된다. 그러니 무안하지 않도록 잘못을 고쳐주되 필요할 때는 따끔하게 지적도 해주어야 한다.

If you have surely put your efforts for the lower, they will not behave rudely.

* 아랫사람한테 노력한 것이 있다면 절대로 함부로 굴지를 않게 된다.

The superior would look more respectful and reliable when you keep your own dignity. But, if you behave only friendly and keep yourself humble, the lower will become rude and reckless.

* 윗사람은 품위를 갖출 때 존경스럽고 믿음직해 보이는 법인데 친근하게 대하겠다며 스스로 낮춰버리니까 아랫사람들이 맞먹고 함부로 구는 것이다.

The qualification to become a superior is not things such as strength, height, appearance, doctoral degree, etc. The person who takes good care of the junior will be the upper person.

* 기운이 크다고 윗사람이 아니고, 미모가 뛰어나다고 윗사람이 아니고, 박사 학위를 가졌다고 윗사람이 아니다. 아랫사람을 걱정하고 생각할 줄 아는 사람이 윗사람이다.

The upper should remember that the lower are all from the heavens. Therefore, the upper needs to think their voices are the voices of the heavens.

* 윗사람은 아랫사람들을 하늘의 사람으로 알고 그들의 소리를 하늘의 소리로 알아야 한다.

How much have you been concerned about the lower, and how much effort have you put for them? It will be the criteria that the lower will consider in following the upper. The upper, with the criteria met, will shine like light.

* 아랫사람을 위해서 얼마나 생각하고 얼마나 노력을 했느냐? 이에 따라서 아랫사람들이 힘을 모아주니 이로서 빛이 나는 것이다.

The conversation of the upper is always regarding his or her worries for the country, the nation, and the people in the lower positions. Even when they drink, they try to make a chance for dialogue, not to enjoy alcohol per se. Even when they sit down in an octagon pavilion, they are only preparing in meditation for what it takes to govern the lower, taking clean energy from such a nice natural environment. * 윗사람은 대화를 해도 항상 나라를 걱정하고 백성을 걱정하고 아랫사람들을 걱정한다. 술 한 잔을 하더라도 술을 마시는 것이 목적이 아니라 자리를 만들어서 대화를 하기 위함이다. 팔각정에 앉아있어도 노는 것이 아니라 기운이 맑고 풍수가 좋은데서 깊은 사색을 하며 아랫사람들을 다스려 줄 실력을 갖추고 있는 것이다.

The reason they put on noble garments while walking is to get themselves ready for wisdom, and to enlighten the lower by purifying themselves first. That is what it takes for the upper.

* 우아한 옷을 입고 산책을 하는 것도 자신을 맑게 갖춤으로서 아랫사람들을 일깨워줄 지혜가 나오게 하자는 것이다. 이것이 윗사람의 품성이다.

Currently, teachers are said to get no proper respects from students. What matters are not the students, but the teachers. If the teachers have done their jobs well enough, and have taught the students the right way, the equivalent respect would have followed them spontaneously.

* 요즘 학생들이 스승을 존경하지 않는다고 하는데 이는 스승의 잘못이지 제자의 잘못이 아니다. 존경받을만한 짓을 했고 바르게 가르쳤다면 아랫사람에게서 스스로 우러나오는 것이 존경이다.

Learning for Employees 고용인의 공부

Employees who are hired to work for their employers will have different types of personal weakness. But, once they offset their weakness, they will not need to humble themselves under employers.

* 남의 밑에 일하러 간 사람은 이런 저런 모자람이 있기에 그 밑에 들어가서 배우라고 상황을 그렇게 만들어 놓은 것이다. 그러니 부족함을 채우고 나면 더 이상 남 밑에서 '예, 예.' 하는 일은 없게 된다.

When you work as an employee, you have to absolutely humble yourself. When your life gets tough, and you have to work as an employee, there must be reasons for that. Then, if you could condescend for 100 days, you won't be ignored by people. If you could condescend for 3 years, tremendous chances will lie ahead of you.

* 내가 남의 밑에 가서 일을 하고 있다면 절대 겸손 하라. 아랫사람이 됐을 때, 형편이 좋지 않아졌을 때는 분명한 이유가 있다. 여기서 100 일만 겸손하면 절대 무시당하지 않는다. 3 년만 겸손하면 엄청난 길이 열린다.

Learning for Employers 고용주의 공부

When you begin a business, diverse karmas would come upon you. Then, the questions that employers should ask to themselves would be as follows - 'what should I do in regards to those karmas?' 'What would they be in need of?' 'What should I do to practice virtues to them?' 'Am I qualified as an employer?' etc.

* 사업을 시작하면 나를 위해 일할 인연들이 찾아온다. 그러면 고용주는 '그들에게 나는 무엇을 해야 하는가? 그들에게 필요한 것은 무엇인가? 어떻게 하면 덕 되게 살 수 있는가? 고용주로서 나는 자격을 갖추고 있는가?' 등의 공부를 해야 한다.

You should not think that your business has grown just because you have added a few more stores. Growth in business would always come together with employees.
*사업을 하는데 매장 몇 개 더 차렸다고 확장이라고 착각하면 안 된다. 일하는 사람하고 함께 크는 것이 사업확장이다.

The token of success is the increase in the number of employees, while the token of failure is the decrease in it.
* 내 밑에 일하러 온 사람들이 늘어나면 사업이 성공하고 있다는 증거이고, 줄어들면 실패하고 있다는 증거다.

When you have more employees who you can trust like your own family, you will have better chances to grow your business.
* 가족처럼 믿고 일을 맡길 수 있는 사람이 생긴다면 사업은 분명히 확장할 일이 생긴다.

Even for one employee, you should accept them as your family. However, if you have been only bossy, all the energy given to you will be dispersed and gone.

* 일하러 한 사람이 왔다면 그 사람을 내 가족으로 품어야 한다. 그러지는 못하면서 사장 짓만 하면 너한테 주었던 기운은 전부 분산되고 떠나 버릴 것이다.

If the business growth stops and stays the same, you will experience more friction with others, irritation, decrease of customers, termination of employees, etc. All these are tokens of decline in your business. If you do not make special efforts to get over it, only being irritated, your business will repeat the process of decline, and end up closing. It's heaven's intention to let you learn from the beginning again.

* 사업의 성장이 멈추고 일정 기간 머무르면 짜증이 나고, 다툼이 생기고, 손님이 줄고 일하는 사람들도 내보내는 일이 생긴다. 이것은 추락하고 있다는 증거다. 여기서 고치려 노력은 하지 않고 계속 짜증만 내면 축소, 축소를 반복하다가 싹 긁어내 문을 닫게 된다. 새로 다시 공부하라는 하늘의 뜻이다.

Do you have difficulties in finding new employees for your business? That is a token that you have run out of all those who have been given to you for human karmas. You have not accomplished what you should have through all those who have come upon you as karmas.

* 사업을 하는데 일할 사람을 못 구한다? 그것은 내게 주어진 사람들을 다 써버렸기 때문이다. 내 인연으로 올 사람들은 다 왔는데 그 안에 내가 이룰 것을 못 이룬 것이다.

When you hire someone as employee, you can keep him or her as far as your energy limit. You can keep them as your employees by pouring your energy on them, but as soon as your energy runs out, your position as boss will disappear.

* 내 밑의 사람들은 내가 가지고 있는 에너지의 한계만큼 만 잡아둘 수 있는 것이다. 가지고 있는 에너지를 쏟아 부으며 유지 할 수는 있어도 에너지가 떨어지는 순간 군림하는 자리에서 떨어진다.

When those given to you would leave, and no one would come upon you any more, you have to give up on the business.

* 왔던 사람들이 떠나고 내 밑에 사람들이 더 이상 오지 않는다면 그 사업은 접어야 한다.

When employees leave you, try to check yourself. Regret will linger more for those who try to hold on than those who leave.

* 일하던 사람들이 떠나갈 땐 나를 돌아보라. 떠나는 사람이 답답한 것이 아니고 잡고 싶은 사람이 답답한 것이다.

Employees will never leave when they are guaranteed the position, and they see hope for the future. Contrarily, anyone would like to leave when they do not see any hope for the future. You cannot ever persuade them to stay when they do not have a necessity.

* 미래가 보장되고, 미래를 열어갈 수 있는 희망이 보이면 사람은 절대 떠나지 않는다. 미래에 대한 희망이 보이지 않는다면 누구나 떠날 준비를 하는 법이다. 내게 필요하지 않은 곳에 머물러 있으라는 섯이 말이 되는가?

Employers should work as a mentor, leading his or her employees into upgraded ideas. They have to educate their minds as a worker of Mother Nature.

* 고용주는 자기 밑에 온 사람들을 잘 이끌어 개념을 성장시키고, 마인드를 성장시켜주는 멘토요, 대자연의 일꾼이다.

There is one way to keep your employees without spending a lot of energy. If you can offset their own weakness, they will never leave you. You can offer them with what they cannot buy with money, by saying 'Even though your payment is not as much, I can help you with this or that.'

* 에너지를 많이 들이지 않고도 사람을 붙잡아 두는 방법이 있다. 일할 사람이 오면 그 사람에게 모자라는 것이 무엇인지를 찾아 "돈은 많이 못 주지만 이런 것은 내가 해 주마." 하며 그 모자람을 채워주면 이 사람은 절대 떠나지 않는다. 돈으로도 구할 수 없는 것을 얻었기 때문이다.

After 3 years of work, employees will start complaining. It usually results from negligence on mental benefits with efforts to offset their weaknesses.
* 3 년이 지나 일하는 사람들이 불평을 하기 시작한다면 이는 고용주가 월급만 줬지 정신적으로는 고용인의 모자람을 채워주려는 노력은 하지 않았다는 말이다.

Employees could make complaints about their boss, but it's not right if the boss complains about their employees.
* 고용인이 고용주에게 불만을 할 수는 있지만, 고용주가 고용인에게 불평을 하는 것은 맞지 않다.

As long as they are your employees, even with their doctoral degree, they are people in a lower position. They will have reasons for complaints. Therefore, you should check yourself. Then, you will begin to see the way for growth and wisdom open for you.
* 박사학위가 있어도 내가 고용하고 있으면 아랫사람이다. 내가 잘못 통솔하고 있기에 불평하는 것이니 내 잘못을 먼저 짚어보아야 한다. 이럴 때 발전할 길이 보이고 지혜가 열린다.

Employers should provide his or her employees with intellectual energy and help them grow in their mental power. However, when they do not have such intellectual energy from him or her, they will fall short of mentality, and end up behaving like animals. That is why he or she will sometimes get attacked by employees, and gain no respect from them.

* 고용주는 고용인이 먹어야 할 지적인 에너지를 공급해주어 정신을 키울 수 있도록 도움을 주었어야 한다. 지적인 에너지를 공급 받지 못하면 고용인은 정신적으로 빈곤해 동물적인 근성만 남는다. 그래서 고용주가 멱살을 잡히고 존경받지 못하는 것이다.

What are the main differences between employers and employees? Employers have huge energy. There are different types of energy. Among them, economic energy, human resources, intellectual know-hows are a few of them. When you can utilize this energy for those coming to you to offset their shortage, you can turn them into your own family.

* 고용주와 고용인은 어떤 차이가 있느냐? 고용주는 큰 에너지를 가지고 있다. 경제도 있고 인맥도 있고 지적인 노하우도 있다. 고용주가 가진 이런 에너지를 활용해서 고용인의 모자란 점을 채워주고 지적으로 키워 주어야 가족이 된다.

Those coming to you are mostly in troubles. They need your affection and concern. When you take care of them like family, they will stay with you for a long time.

* 내게 일을 하러 온 사람은 외로운 사람이다. 사랑으로 쓸어 안아줘야 될 사람이다. 부모같이, 형제 같이 보살펴주면 가족이 오래 같이 있고 싶어 할 것이다.

True family does not depend on material profit, but on how much you care for them to offset their shortage. By showing your heart to them constantly, you can build a relationship with them on a permanent basis.

* 물질을 퍼 주는 것이 가족이 아니고 부족함을 다스려 주고 이끌어 주는 것이 가족이다. 정성을 쏟아주면 서로 가까워져 마침내 뗄 수 없는 가족이 된다.

When they come to you, you should remember that Mother Nature is behind them. Employers are none other than those who are set to lead them.

* 내게 일하러 찾아온 사람은 대자연이 일부러 그 형편을 어렵게 해놓은 것이다. 이런 사람을 잘 이끌 수 있도록 갖춘 사람이 윗사람이고 고용주다.

If leaders do not learn how to lead people, those who have come will leave, and they will lose what they have achieved for their lives in very short period of time.

* 사람을 거느리는 사람이 사람을 이끄는 공부를 하지 못했다면 왔던 사람들이 떠나고, 이루어 놓았던 것도 하루아침에 무너진다.

Without learning about humans, you cannot stay in an upper position. Learn how to prepare yourself first.

* 사람 공부를 안 하고는 절대로 윗사람의 자리에 있을 수가 없다. 그래서 너 자신을 먼저 갖춰야 되다는 것이다.

When you are with employees, you are set to go. As the next step, heaven will check on you whether you are prepared to become an employer to lead them into happy and glorious lives. Those who are not prepared with the qualifications to lead others will be pulled out of the position.

* 고용주 밑에 일할 사람들이 모였다면 이 때 이들을 즐겁고 빛나게 살게끔 이끌어 줄 수 있는 갖춤은 갖추었는지 하늘이 점검을 한다. 사람들을 이끌고 갈 갖춤을 갖추지 않은 자는 하늘이 끌어 내린다.

When an employer goes astray, all other family of employees will be in trouble and collapse.

* 고용주 하나가 잘못하면 끌어 모은 사람들 전부가 수렁에 빠져 헛 인생을 살게 된다.

The main concern in the past was how you would gather people. But, today, the concern is changed to how you could make them happy and glorious. When you are not able to do this job, you will be pulled out of the position. That is what God will do.

* 이제까지 사람들을 불러 오는 시대였다면 앞으로는 모인 사람들에게 즐겁게 살 수 있는 길을 열어 주고, 빛나게 살 수 있는 길로 이끌어 주는 시대이다. 이렇게 하지 못하는 자는 다 끌어 내린다. 이것이 하느님의 작업이시다.

When an employer is prepared with self-discipline, he or she becomes a person who can deal with any karma laws. When they are given one person, they will deal with one, and be able to lead with the two other. Likewise, when they are given with two people, they will get energy to lead four other. Now, when they are given four people, they will get eight, and so on. That is how you can grow on.

* 고용주가 스스로를 갖추면 한 사람이 인연으로 올 때 한 사람을 소화하여 두 사람을 이끌 수 있는 기운을 얻게 된다. 두 사람을 소화하고 나면 네 사람을 이끌 수 있는 기운을 갖게 되고 네 사람을 소화하고 나면 여덟 사람이 오고 이렇게 계속 성장을 해가는 것이다.

Learning of Business Man 기업가의 공부

What matters most to a businessman is just cause. The creation of wealth follows according to how noble your cause is.
* 기업을 하는데 최고 중요한 것은 명분이다. 어떤 명분으로 사람을 모을 것이냐? 이 명분 속에서 창출이 일어난다.

Don't attempt to enter into an unjustifiable act. You won't succeed in it.
명분 없는 짓은 하지 마라. 절대 성공하지 못한다.

Does the cause make a contribution to your society? Then it is a good cause. Talented ones come to the work your society needs.

* 이 일이 사회에 필요한 일이냐 아니냐? 이것이 명분이다. 사회에 필요한 일이라면 사람들이 모이고 인재들이 모일 것이다.

A good cause surely brings industrial growth.

* 명분 있는 일에는 분명히 경제가 일어난다.

An exceptionally bright one may fail in his or her business. Unusual and veteran as they are, they have no entrepreneurship to deal with people.

* 특출한 재주를 가지고 있는 재주꾼이 사업을 하면 망한다. 비록 머리가 비상하고 재주가 뛰어나나 사람을 다룰 줄 아는 사업가의 기질이 없어 그렇다.

The lack of intellectual interchange will end in failures of business growth. What can you expect from those who only think about their basic needs?

* 일하는 사람들의 생각이 지적이지 못하니까 기업의 성장이 정지된 것이다. 먹고 살기 위해서 일하는 사람들의 머리에서 과연 얼마나 훌륭한 콘텐츠가 나오겠는가?

Human beings are supposed to make steady progress, for we are meant to grow from the start. Likewise, your business should keep going or you will become bankrupt. So don't be conceited and prepare yourself for further growth.

* 사람은 성장의 동물이기 때문에 절대 멈추어 있어선 안 된다. 마찬가지로 사업도 항상 성장을 해야지 멈추어 있으면 망해 버린다. 그러니 자만하지 말고 성장할 수 있는 나를 갖추어라.

If a CEO of a company focuses their attention only on the accumulation of wealth, the lives of their employees won't get out of their physical desire.

* 회사의 수장이 잘 먹고 잘 살자는 생각만 하니 그 밑의 직원들도 동물의 삶에서 벗어나지 못하는 것이다.

The CEO's task is leading their followers to enlightenment and to share win-win energy with them. They should make the employees aware of their wrong and direct them to grow.

회사의 수장은 자신을 따르는 사람들이 모르는 것을 깨우쳐 다 같이 잘 살 수 있게끔 기운을 퍼다 나르고 공유를 해야 한다. 자신에게 속한 사람들을 바르게 잡아주고 이끌어주는 것이 근본이다.

The main reason to do business is not to make a fortune. By doing business, you form useful connections with others such as your staff, your business partners and customers. Everything is interconnected by ties and all of you will be among a family in your area.

* 사업의 근본은 돈을 벌기 위함이 아니다. 사업을 시작함으로써 나하고 인연될 사람들이 몰려온다. 직원도 그렇고, 거래처도 그렇고, 소비자도 그렇다. 이 모든 인연 고리로 연결된 이들과 한 가족이 되자는 것이다.

It is the CEO's task to make his or her employees feel pleased and happy while working. By doing so, you will be held in high esteem by your people continually.

Without such veneration, you won't enjoy happiness at all.

* 기업의 수장이라면 직원들이 즐겁고 기쁘고 행복하게 살게 해줘야 비로소 너의 사명을 이룬 것이고 이렇게 할 때 사람들로부터 꺼지지 않는 존경을 받을 수 있게 된다. 이런 존경을 받을 수 없다면 절대 행복해질 순 없다.

When you enter into a business and show your items, you will get to encounter those whose energy is very responsive to you. However, if you don't try to strengthen your ties and only care about your profits, there will be constant trouble between yourselves. If you fall into a race of price-cutting, you have a fat chance to sell your items.

* 사업을 하려고 아이템을 꺼내 놓으면 이제부터 그것을 이루는데 필요한 기운을 가진 사람들을 만나게 된다. 이 사람들을 만나 덕행을 할 생각은 않고 아이템만을 팔아먹으려 한다면 서로 힘겨루기를 해야 된다. 가격 경쟁으로 힘을 다 빼고 나면 그것마저도 팔아먹긴 틀린 것이다.

With your business growing into a large conglomerate over time, you should be cautious not to make it a mere dog-eat-dog business, where labor disputes are prevalent to get a raise of salary, a bonus and an improvement of treatment or labor conditions. Their mind is into material factors.

* 기업은 거대한 운용체가 되어 가는데 근로자는 먹고 사는 것 밖에 모르는 동물을 만들어 놨다면 먹이를 뺏으려 물고 달려드는 동물 짓을 할 것이다. 그래서 노사분규가 일어날 때마다 월급 더 달라, 상여금 더 달라, 대우 더 해 달라 자꾸 물질로만 갖다 대는 것이다.

If you are with 10 staff members, their energy is conveyed to you. With their energy, you will run into a new staff with bigger energy. If you work with 500 staff members, you receive the energy of 500 people. And with that amount of energy, you will form a new connection. You can't make things move on alone. So contribute 30 percent of your profits to employees and raise the quality of their lives.

* 10 명의 직원을 거느리면 10 명의 기운을 싣고 기운이 큰 높은 사람을 만나게 된다. 500 명의 직원을 거느리면 500 명의 기운을 싣고 가서 더 높은 사람을 상대하게 된다. 나 혼자 잘나서 이런 사람들을 만날 수 있는 것이 아니다. 그래서 항상 내가 얻은 수익의 30%는 직원들한테 돌아가게 해서 그들 인생의 질량을 끌어올려줘야 하는 것이다.

A well-informed person or excellent business men or women bear an obligation to lead their people. That's why they need to discipline themselves and make concerted efforts to help their people and their family's prosperity.

* 깊은 지식을 갖추었다든지 큰 경제를 이루었다든지 하는 사람들은 백성을 이끌 의무를 가진 지도자들이다. 그렇기에 자신을 갖춘 후엔 백성을 성장 시키는 일에 혼신을 다해야 한다.

Don't grumble because there are not many of superior ability in smaller enterprises. A person of excellent talent should not remain at the job of low level energy. We should put ourselves in the position of right energy.

* 중소기업을 하면서 우수한 인력이 오지 않는다고 불평을 한다. 낮은 질량의 일을 가지고 우수한 질량의 인력이 영입이 되길 바라니 우수한 인력이 가겠는가? 질량이 맞지 않아 못가는 것이다.

You may think, mistakenly, that with high-quality human resources, you will succeed in your undertaking. You need to look back on yourself if you can't find excellent people. There is a reason you can't have excellent staff in your business.

* 우수한 인력만 있으면 나도 기업을 잘 할 수 있다고 말하는 것은 맞지 않다. 우수한 인력을 못 찾겠다면 나를 먼저 돌아보라. 우수한 사람들이 올 자리에 안 오는 것이 아니라 못 갈 자리니까 안 가는 것뿐이다.

There is a clear rule operating in the course of Mother Nature. If your energy is high enough, one of high quality will surely come to you.
* 대자연에는 분명한 법칙이 있다. 자리의 질량만 높게 채워놓으면 우수한 사람은 분명히 찾아오게 된다.

Quality human resources will consider if they can grow in experience, if they can have a chance to show their real abilities, if they can fill up their shortage and satisfy their dream.
* 우수한 인재는 '이 회사가 미래의 희망을 열어가는 회사인가, 내가 성장할 수 있고 실력을 발휘할 수 있는 자리인가, 나의 모자람을 채우고 내 질량을 채울 수 있는 곳인가?' 를 살펴본다.

If you make them think whether it is a waste of time or not, they will leave you.

* 내가 여기서 이렇게 시간을 낭비해서 되겠는가?' 하는 생각이 들게끔 운영을 하면 인재가 오지도 않고 왔던 인재도 곧 떠나고 만다.

Do you want to attract high quality human resources? Who are they? There are those who can level up your company up to three stages higher than now. Possibly, too talented men tend to hold back others from showing their usual display of capability.

* 인재를 영입하고 싶은가? 누가 인재인가? 현재의 단계에서 회사를 3단계 위로 끌어 올릴 수 있는 사람이 인재다. 이런 사람이 와서 바로 한 단위에서 사람들을 이끌어야지 너무 대단한 인재가 오면 도리어 사람들이 움직이질 않는다.

A company's growth is not necessarily due to its patent or its own technology. Items of business are just a starting point of your company. If you put too great emphasis on the items only, you will be confronted with limitations and your company is subject to fail.

* 회사는 특허나 기술 아이템 때문에 일어서는 게 아니다. 아이템은 회사를 운용하는 시발점을 만들 뿐이다. 그러니 아이템에만 고집하면 한계가 생기고 발버둥 치다 떨어질 일이 생긴다.

A capable one will come up with his or her own project instead of their items to the company. He or she means to say, 'I am here to discuss what to do with my research materials with your company'. Then, the equivalent business owners will reply like 'I think I can be of help to you in this point.'

* 실력을 갖춘 사람은 경제인에게 아이템을 들고 가는 게 아니라 프로젝트를 들고 간다. '이만큼 노력해서 이만큼 갖춰 놓았는데 이걸 어떻게 하면 좋을지 의논하러 왔습니다.' 라고 하면 경제를 가진 사람이 이런 것은 내가 이렇게 도와주면 안 되겠나?' 하면서 다가온다.

Without your sincere efforts, you can't find the right person for your company.

* 성실한 노력 없이는 절대로 내게 필요한 상대를 부를 수 없는 법이다.

When you run a venture company, don't put too much stress on profits or you will fail completely. Instead, think you will get valuable lessons through the operation of Venture Company.

* 벤처 사업을 하면서 돈 벌 생각을 하면 **100%** 망한다. 대신 벤처 사업을 통해 내 공부를 한다고 생각해야 한다.

You won't succeed only with your items. With them, you will derive benefits from them and grow into a real businessman by meeting different people and talking over various stuff with them. Your business items are the guiding light and method to give you directions and get business partners.

* 벤처 사업은 아이템으로 성공하는 것이 아니다. 이것을 가지고 사람들을 만나고 이들과 겸손하게 의논할 때 더 좋은 것을 얻게 되고 비로소 사업가로 성공하는 것이다. 아이템이란 그저 갈 방향을 잡아주고 사람을 모아주는 방편일 뿐이다.

Returning the company's profits to society
기업의 사회 환원

A company is not within the confines of an individual but a society.
* 기업은 사회의 기업이지 개인의 기업이 아니다.

The capital of your company comes from the consuming public, so they are the real owner and your family. So the idea of returning the company's profits to society is not about material itself but about the awareness and guidance of people's requirement.

기업의 자본은 소비자들이 모아 준 것이니 소비자인 백성들이 기업의 참 주인이고 가족이다. 그래서 이들에게 필요한 것을 채워주어 사람으로 살 수 있도록 이끌어 주는 것이 기업의 사회 환원이다. 물질을 벌어 물질로 돌려주는 것은 기업의 사회 환원이 아니다.

A company may try to give bonus gifts or freebies with an intention of customer relationship management only to fail. Show them the way to live decently without much difficulty or cold heart and in comfort.

* 기업이 소비자 관리차원에서 사은품만 준다고 될 일이 아니다. 사람답게 살아가는데 불편함이 없게, 정신이 메마르지 않고 마음이 편안하게 사는 길을 놓아 주어야 한다.

The results of people's labor converge on the business field. Their material resources and human resources enable your business to hold present capital and make available means. Place increasing emphasis on research and development of more cultural contents so that people will lead intelligent lives with them.

* 백성들이 피와 땀을 모아 이룬 경제를 한쪽으로 몰아 준 것이 기업이고 피땀 흘려 키워낸 자식들까지 몰아 준 것이 기업이다. 이렇게 사회의 물적, 인적자원을 전부다 몰아주었기에 기업엔 풍부한 자본이 있고, 풍부한 연장이 있다. 그러니 그것으로 백성들이 지적인 삶을 영위할 수 있는 문화콘텐츠를 연구 개발해 주어야 한다.

Chapter of Governing a Country
치국(治國)의 장

Country 국가

When the mental condition of people is not healthy, the country will be jeopardized, while when it is healthy, the country will step up.

* 국민의 정신이 흐트러지면 나라를 죽이는 적이 되고, 국민의 정신이 바르면 나라를 살리는 힘이 된다.

It is the government's role to get people out of their laborous lives and into lives worthy of human beings, intellectually.

* 정부는 백성들이 먹고 사는데 매달려 끊임없이 일만하는 동물적인 삶에서 벗어나 기쁘고 즐겁고 행복하게, 사람답게 살아가게끔 지적으로 이끌어주는 길을 찾아주어야 한다.

What should government do? They should lead people to live intellectually, not only to make a lot of money. Basically, they need to guide them to live their lives as human beings.

* 정부가 할 일은 무엇인가? 백성을 지적(知的)으로 살 수 있는 길로 이끌어 주는 것이지, 돈을 많이 벌게끔 해주는 것이 아니다. 사람을 사람답게 살 수 있는 길로 이끌어주는 것만이 근본의 일이다.

Public Figures 공인

One drop of sweat from a public figure is equivalent to a drop of blood of the people, and one piece of effort put by a public figure would result in one time of laughter among the people.

* 공인(公人)의 땀 한 방울은 만중생의 피 한 방울이고, 공인의 노력 하나는 만중생의 웃음 하나이다.

Keep your minds always on the people who are in trouble. Take care of them with all your hearts. Do not live personal lives. That is how you should live as public figures.

* 하나를 생각을 해도 나보다 못한 백성들을 먼저 생각하라. 마음을 다해 백성들을 돌아보라. 사적인 삶을 살지 말라. 그게 공인의 본분이고 삶이니라.

When you exert yourself to use your energy for those coming to you, you will lead your life in abundance away from trouble, taking respect from people, and end up entering nirvana.

* 네게 오는 사람들을 위해서 네 기운을 쓰려 노력하면 네 어려움은 물러가고 필요한 것은 스스로 오며 삶은 기름져지고 사람들이 존경할 것이고, 일생이 거룩해지니 스스로 열반에 들 것이다.

There are two types of public figures in the world – direct type and bureaucratic type. The direct type of public figure includes self-employees such as C.E.O of a company, chairman, mentor, restaurant owner, market merchant, vendor, etc. Who are bureaucratic public figures then? They are the ones who get paid by working for the government, including president, ministers, legislators, government officials, etc.

* 이 세상에는 직접적인 공인과 관료공인이 있다. 직접적인 공인은 회사의 사장, 회장, 정신적인 지도자로부터 시장상인, 노점 상인들까지 스스로 생계를 유지하는 자영업자를 말한다. 관료공인은 대통령, 장관, 국회의원, 공무원 등 정부조직에 들어가 월급을 받으면서 일을 하는 사람들을 말한다.

Direct type of public figures makes their own karmas. They lead people coming unto them, whether they are an entrepreneur or an owner of a small business. Therefore, they would lead the world in their own ideals.

* 직접적인 공인이란 내 인연을 내가 직접 만드는 사람이다. 기업인이든 구멍가게 주인이든 나에게 온 사람들을 스스로 이끌고 나가는 사람이다. 그래서 내 법대로 세상을 이끌 수 있는 사람이다.

Each and every direct type of public figures are leaders

of people. That is why karmas come to them and follow them with trust even when they are empty handed. That would also mean they should have the responsibility to lead them right way.

* 직접적인 공인은 한 사람 한 사람이 백성의 지도자다. 그래서 사과 반 상자만 들고 나가도 인연들이 찾아와 너를 따른다. 그렇기 때문에 네게 주어진 인연들을 바르게 이끌어야 할 책무도 주어지는 것이다.

Direct type of public figures should return what they have been given to the society. If they do not, they will get blamed and stoned by people.

* 직접적인 공인은 너에게 주어진 것을 사회에 모두 환원을 해야 한다. 환원을 하지 않으면 어떤 식으로든 백성들에게 지탄을 받고 돌팔매질을 당하게 돼 있다.

Bureaucratic type of public figures should serve others. They should do their jobs in the spirit of service, and devote themselves for that.

* 관료공인은 봉사를 해야 된다. 봉사정신을 가지고 맡은 소임을 다해 백성을 위해 인생을 불태워야 한다.

Public figures should get out of their selfish minds,

practice virtues necessary for karmas coming, and devote themselves for them.

* 공인들은 사적인 나를 벗고 내게 온 인연들에게 필요한 덕행을 실천하며 그들을 위해 살아야만 한다.

To live as a public figure, you should have your minds based on kongdo ideal (空道思想, 公道思想, 共道思想; ideal of emptiness, rightfulness, and wholeness) with hongik ideal (the wide benefit of humanity), and live your lives in practicing virtues.

* 공인으로 살기 위해서는 사상은 공도사상을 확립을 해야 하고, 이념은 홍익이념을 가지며, 행동은 덕행을 실천하며 살아야 한다.

Education for Leader 지도자 교육

Leaders should be eloquent in speech. That is why there is no dumb leader.

* 지도자는 말을 잘 할 줄 알아야 한다. 그래서 벙어리 지도자는 없는 것이다.

Education in the past have focused only on raising 'skillful individuals', not on cultivating personality. They would not make themselves leader for society, even though they can work for it.

* 지금까지 교육은 사람을 만드는 인성교육이 아닌 물건을 만드는 '쟁이'교육을 시켰다. '쟁이'는 일꾼은 될지언정 사회를 이끄는 지도자가 되진 못하는 법이다.

When we were stricken in poverty in the past, we were primarily in demand for fundamental industry, so we focused on education to manufacture goods. But, now, we have come a long way, and live in a world where personality education is more emphasized to become leaders.

* 우리가 헐벗고 허리띠를 졸라맸을 때는 먹고살기 위해 물건을 만드는 '쟁이'교육을 시켜야 했다. 하지만 지금은 인성교육을 받은 엘리트들이 배출되어 세상을 주도해야 하는 시대이다.

The society where they cannot produce elite leaders will be in mess soon.

* 사회의 지도자가 될 엘리트들을 생산하지 못하면 세상은 뒤죽박죽이 되고 만다.

Only those who have understanding for others and for the people can have leadership. These are the elites. Those who are selfish and stubborn cannot become elites.

* 지도력은 남을 이해할 수 있는 사람, 국민을 이해할 수 있는 능력을 가진 사람이 갖는다. 이 사람이 바로 엘리트다. 자기 생각만 하는 사람, 자기 고집만 부리는 사람은 절대로 엘리트가 될 수 없다.

College is supposedly a place to produce the elites. However, now, it has turned to train professional workers in the society.

* 대학은 엘리트를 생산해 내는 곳이어야 하는데, 지금의 대학은 전문성을 가진 사회의 일꾼들을 만들어 내는 곳이 되었다.

They cannot produce leaders this way in a true sense. Leadership is not cultivated by studying science or medicine. To become a leader, you have to learn how to lead people by speech and to persuade them.

* 이래선 지도력을 가진 사람을 키워낼 수가 없다. 과학을 잘한다고, 사람을 잘 치료한다고 해서 절대로 지도력을 가질 수가 없다. 사람들을 말로 잘 이끌고 설득시킬 줄 아는 공부를 해야 지도자가 될 수 있는 법이다.

Leaders should live their lives to practice virtues for others. For that purpose, they need to know others as well as themselves. Without knowing others, they can never live their lives for others.

* 지도자는 남에게 덕 된 삶을 살아야 한다. 그러려면 나를 알고, 남을 알아야 한다. 남을 모르고서는 절대로 남을 위해 살 수가 없기 때문이다.

Good elites will make a bigger contribution to the world than anything else. For instance, the influence of a good diplomat will be greater even than making a nuclear bomb for a country.

* 제대로 된 엘리트 한 사람이 나오면 바른 외교를 하고, 인류에 필요한 바른 정신을 꺼내 준다. 그러니 엘리트 한 사람을 생산하는 것이 핵폭탄을 생산하는 것보다 나라에 더 큰 힘이 된다.

Elites will also help improve the finances of a country. Selfish people are only concerned about their own interests however hard they try to make something. A person with great vision would achieve a great leap for country.

* 엘리트를 생산해야 나라살림이 고소득으로 변한다. 나 혼자 잘 먹고 잘 살려는 사람은 아무리 머리를 짜봐야 자기 먹고 살 아이템밖에 나오지 않기 때문이다. 원대한 꿈을 가진 자가 나와야 큰 개발도 이루어내는 것이다.

True education will change people into lords of all creation. Lord of all creation will cover Mother Nature. They will change into ones who know themselves, others, the principles of Mother Nature, and would govern every thing in humanity.

* 참 교육이 이루어졌을 때 인간은 만물의 영장으로 변한다. 만물의 영장이란 대자연을 다 안다는 뜻이다. 너를 알고, 나를 알고. 대자연의 원리를 알아 인류의 모든 것을 다스릴 수 있는 자로 변하는 것이다.

The Ideal for the People 국민이 가져야 할 이념

The country where they are out of young people with ideals will collapse.
* 이념을 가진 젊은이가 없으면 나라는 망한다.

Middle or high schools could provide them with visions, whereas, college is a place to discipline themselves with ideals.
* 중고등 학교는 꿈을 키우며 다니지만 대학은 이념을 세우러 가는 곳이다.

The one with ideals will be taken care of by heaven, not by people.

* 이념을 가진 자는 하늘이 돌보지 사람이 돌보는 것이 아니다.

If you are not equipped with basic ideals even after you have graduated from colleges, you would be in troubles in society. Which job should I apply for? What should I do for a living? You will keep wandering with these questions.

* 대학을 나오고도 기본 이념을 잡지를 못했다면 사회에 나와 헤맬 것이다. 어느 직장을 들어갈 것인가? 무엇을 할 것인가를 찾지 못해 그렇다.

When you search for a job, you have to check if the job matches your ideas. If they don't match, you would soon get bored and quit the job.

* 직장을 찾을 때는 나의 이념하고 맞는 곳을 찾아야 한다. 이념이 맞지 않는 직장을 들어가면 오래 버티지 못하고 튕겨져 나오게 된다.

When applying, you have to describe your ideals. Then, some of the jobs will offer jobs to you. Then, from there, you would grow up with their support. If, without ideals, you look for jobs only to earn money, troubles would soon follow you.

* 입사원서를 넣을 때는 나의 이념도 같이 써서 넣어야 한다. 그렇게 나를 인정하고 받아들일 직장을 구해서 들어가야 한다. 그 곳에서 직장이 뒷바라지 해주는 대로 훌륭하게 배우며 성장을 해야지 이념 없이 돈만 벌러 갔다면 이제부터 헤매게 될 것이다.

All aspects in society are like schools. Every thing that you experience in your job will bring you out with learnings. But, if you take those learnings only from business point of view, you will not be able to grow, and become only laborers being paid by the hour.

* 사회가 온통 학교다. 직장에서 일하면서 일어나는 모든 환경들이 실전공부인데 이걸 일이라고 착각하고 돈을 번다고 생각을 하니 클 수가 없고 시간당 얼마짜리 노동자로 전락하는 것이다.

If your ideals are huge, you will look for big enterprises, but if they are in smaller scale, you will also look for mid sized companies accordingly. If the ideals are even smaller, you would fit to work for a small company.

* 내 이념이 크다면 대기업에 들어갈 것이고 이념이 작다면 중소기업에 들어 갈 것이다. 만약 이보다도 이념이 작다면 아주 작은 소기업에나 가야 한다.

Entrepreneurs should be based on ideals. Without ideals, they would be just as greedy business men and women. That is the problem that many enterprises are facing now.

* 기업이란 이념이 살아 있어야지 이념이 죽어버린 기업은 욕심만 가득 찬 장사치 밖에 안 된다. 그래서 오늘날 기업들이 전부 흔들리는 것이다.

The enterprises based on firm ideals will never be shaken.

* 이념이 살아 있는 기업은 절대 흔들리는 법이 없다.

How could a person without ideals teach others?

* 이념이 없는 자가 어찌 사람들을 가르치겠는가?

The reason why young people today are wandering is because they have never been educated by those with ideals.

* 지금 젊은이들이 우왕좌왕하고 있는 것은 이념이 있는 사람 밑에서 가르침을 받지 못했기 때문이다.

You can say, the one who is in poverty are out of ideals. It is because the one without ideals cannot have the energy of economy.

* 지금 형편이 가난한 자는 이념이 없는 것이다. 이념이 없는 사람은 경제라는 힘을 가질 수가 없다.

The energy of Mother Nature always goes along with human ideals. Therefore, you have to give up on whatever you keep unless you have ideals.

* 대자연의 에너지는 사람의 이념에 따라 움직인다. 그러니 이념이 없으며 무엇이든 다 내놔야 하는 법이다.

You could purchase the building when you had the ideal to buy it. But, if you don't have any further ideal after you purchase it, you will have to give it away.

* 처음엔 '저 건물을 사고 말거야.'라는 이념이라도 가졌기에 건물을 산 것이었다. 그러나 건물을 사고 났는데 그 다음 이념이 없다면 그 건물은 다시 내놔야 한다.

If you live your lives in full scale, you will be based on ideals, which will lead you into future plans.

* 열심히 산 사람은 정확하게 이념이 세워지니 내가 앞으로 무엇을 할 것인가를 알게 된다.

Ideals would not be created when the economy goes bad. You could have some thoughts, but the thoughts do not make ideals automatically.

* 경제가 어려울 때는 절대 안 나오는 게 이념이다. 생각은 할 수 있어도 생각이 이념이 되는 것은 아니다.

A poor man's speech on ideals would not be as persuasive as the ideals are meant to be. They may be present in one person, but will not listen to him or her. So, the poor person first needs to get out of the poverty, before he or she talks about ideals.

* 가난한 자가 아무리 이념을 이야기한들 그 이념과 일치될 수는 없다. 귀에는 들리겠지만 심장에 박히는 일은 절대 일어나지 않는다. 그러니 가난하다면 이념을 논할 것이 아니라 힘을 키워 가난을 먼저 벗어야 한다.

There are different types of poverty. They could be poor in knowledge, in economy, in talent, etc. When you are poor, even though you have good understanding of ideals, you would not be able to keep up with what the ideals are meant to be.

* 가난에도 여러 가지 가난이 있다. 경제가 가난할 수 있고, 지식이 가난할 수 있고, 질량이 가난할 수도 있다. 가난하다면 그걸 기본적으로 갖출 때까지는 이념이 들리고 이해를 한들 그 이념과 내가 일치해서 피가 끓지는 못 하는 법이다.

Contrarily, if you are out of any ideals when you become powerful with wealth, you would be no more than a greedy and ignorant lowlife.

* 어느 정도 경제를 갖추고 힘을 갖추었는데 이념이라고 내세울 수 있는 것을 가지고 있지 않다면 몰상식하고 무식하게 돈만 챙긴 사람인 것이다.

When you are about to establish ideals for your lives, people around you, including friends and children, will come and ask you about what you would do and how. If your answer to these questions are, "Well, money will do," or "well, only to survive will do," these will be your confession of your ideals to God.

* 친구가 묻던, 자식이 묻던 이념을 세울 때가 되면 사람들이 내게 묻는다. 앞으로 무엇을 어떻게 하겠느냐고. 그 때 "돈이나 더 벌지 뭐." 혹은 "그냥 먹고 살면 됐지 뭐." 이렇게 대답하면 그것이 바로 하느님께 고한 너의 이념이 된다.

God leads you to answer what your ideals should be through your friends, your kids, or whatever relations' questioning you. At that time, what ideals and answers you have are revealed to God by your answers to the questions without thinking. And God will allow you to have new relations and energy equivalent to your ideals afterward.

* 때가 되면 하느님은 친구나 자식 혹은 어떤 인연의 입을 통해 내게 물어서 내 이념을 끌어낸다. 그 때 나도 모르게 톡 튀어 나오는 말이 내 이념이고 답이다. 그러고 나면 그 이념의 질량에 맞는 인연을 주고 기운을 준다.

You are given such energy by the heavens to practice the ideal.

* 이념이 있기에 하늘이 이념을 행하라고 그 이념만한 힘을 준 것이다.

You need ideals to have a good life. Without ideals, you will be no more than an attendant to a warehouse no matter how big scale of economy or money you run. That is not to live your own life.

* 잘 살려면 이념이 있어야 한다. 이념이 없으면 아무리 경제가 많고 돈이 많아도 창고지기에 불과할 뿐 네 인생을 사는 것은 아니다.

Ideal has such a powerful and horrible energy within it, by which people in long distances will be attracted.

* 이념이란 얼마나 무섭고 강한 에너지인지 아무리 멀리 있는 사람도 그 이념에 끌려오게 된다.

Once you are equipped with the ideals of energy of wealth, those with the energy of intellect will come to you. Then, when these energies are put together, more people will seek you, and, on top of that, a mass of economy will follow. You are now to be called entrepreneur.

* 경제라는 힘을 갖추어서 내 이념이 생산되고 나면 지식으로 이념을 세운 사람들이 다가온다. 이렇게 힘을 합쳐서 작업을 하면 사람들이 찾아오고 경제라는 질량은 또 덤으로 따라온다. 이걸 보고 기업인이라 하는 것이다.

No matter how hard they work, all the economy runs by the power of big entrepreneurs. Why? Even though people work hard, they do not have ideals. Without ideals, even when they have wealth after hard efforts, they will go sooner or later.

* 백성들이 아무리 열심히 일을 해도 경제는 다 대기업으로 돌아간다. 왜 그런가? 백성들은 열심히 일을 할 뿐 가진 이념이 없기 때문이다. 이념이 없으면 아무리 일을 해서 경제가 생겨도 내 수중에 남아 있을 수가 없다.

How come the rich get richer, and the poor get poorer? No matter how hard they work, those without ideals would become sacrifices to those with ideals. It is a law of managing energy mass in Mother Nature.

* 왜 부익부 빈익빈이 되는가? 이념을 갖지 않은 자는 아무리 일을 해도 이념을 세운 자에게 경제라는 힘이 모두 빨려 들어가기 때문이다. 이것이 대자연의 에너지 질량 운용법칙이다.

Evolution in human beings applies not only for flesh, but for quality of ideals. In the final stage of the evolution, there would come the supreme ideals, which will be put together with other ideas to form the supreme mass and to shed light.

* 인간의 진화발전은 육신의 덩어리만 커져가는 것이 아니고 이념의 질량을 키워 나가는 이념 진화발전이다. 진화발전의 제일 마지막에 최고의 이념이 나오고 그 이념들이 만나 최고의 질량으로 융합될 때 여기서 빛이 나는 것이다.

Now, routine ideals will not work any more. Only supreme ideal, such as Hongik ideal(global coexistence or serve in the benefit of others), will fit our time today.

* 이제는 일반적인 이념은 먹히지 않는 시대다. 최고의 이념, 홍익이념이 아니면 우리 맘에 차지를 않을 때이다.

Chapter of Making Peace in and with the World 평천하(平天下)의 장

Knowledge Based Society 지식사회

What does knowledge mean in the present society? It is human spirit, or, compressed energy made from human traces which have been gathered for thousands or tens of thousands of years.

* 오늘날 우리가 가진 지식이란 수천, 수만 년 동안 인류가 살아가면서 남긴 흔적들이 뭉치고 뭉쳐서 만들어진 압축된 에너지, 즉 인류의 혼이다. 이 압축된 최고의 에니지를 모두 흡수해 버린 사회가 바로 오늘의 지식사회다.

When anothers' knowledge is conveyed to you, you will grow in proportion to the mass of the knowledge of itself.
* 저 사람의 지식이 내게 들어오면 그 지식의 질량만큼 나는 저절로 성장하고 도움을 받게 된다.

How can you purify your soul and soul energy? The answer is build up knowledge.
* 나의 영을 맑히고 탁한 기운을 맑히려면 어떻게 해야 하는가? 지식을 갖추어야 한다.

With your knowledge piled up, your soul will be fattened and full of high energy and density.
* 지식을 많이 갖출수록 내 영혼이 살찌고 질량과 밀도가 높아져 영혼이 충만해진다.

High level of knowledge will make your soul pure and it operates smoothly. Knowledge will come out and all your work will be on a fair way.
* 높은 질량의 지식으로 내 영이 맑아져 운행되면 지혜가 나오고 하는 일마다 잘 된다.

For ages to come, you will see your soul enlightened by knowledge.

* 앞으로의 시대는 지식으로 내 영혼을 맑히는 시대이다.

With proper knowledge, you get to know what you are ignorant of and have the power to do whatever tasks. So it is said that knowledge is power.

* 바른 지식을 갖추면 모르는 걸 알게 되고 알게 되면 뭐든지 할 수 있는 힘을 갖게 된다. 그래서 아는 것이 힘이라 하는 것이다.

What the term 'deed' means is you can do something so far as your knowledge is concerned. That's why knowledge is necessary.

* 행함은 내가 아는 만큼 행하는 것이다. 모르는 걸 어찌 행하겠는가? 그래서 지식이 필요한 것이다.

You can not change yourself with your own free will. As the range of your knowledge is wider and deeper, you will be changed as much for the better in spite of yourself.

* 내가 변하고 싶다고 변해지는 것이 아니다. 지식의 폭이 넓어지고 깊어지는 만큼 나는 저절로 변한다.

Knowledge is non-material energy made by human being out of human spirit. It is not tangible but highly-densed power.

* 지식은 인간이 그 영체로 만들어 낸 비물질 에너지다. 비록 만질 수는 없지만 엄청나게 밀도가 강한 힘이다.

So what is power? It enables both materials and human beings to move.

* 힘이란 어떤 것이냐? 물질을 움직이고 사람을 움직이게 하는 것이 힘이다.

Those who possess only material things are bound to be controlled by those with much knowledge.

* 물질만 가지고 있는 사람은 지식을 가진 사람이 움직이는 데로 딸려가게 되어 있다.

Those with a high level of knowledge are able to move humans, materials, gods and all the things Mother Nature made.

* 지식의 질량을 높게 갖춘 사람은 사람을 움직이고, 물질을 움직이고, 신들을 움직이고, 대자연의 무엇이든 움직일 수 있다.

What should we do to meet the right person of good chemistry? By keeping good quality, you can meet Mr. or Mrs. Right. If your quality is to be enhanced, you need to raise your mass and density.
* 좋은 인연을 만나려면 어떻게 해야 하나? 내 질량이 먼저 좋아져야 한다. 질량이 좋아지려면 어떻게 해야 하는가? 지식을 갖추어 내 질량의 밀도를 높여야 한다.

Higher level of your quality and density will lead to pure spirit and your purified soul will in turn improve your sense of discretion, with which you can face all the hardships to come.
* 내 질량의 밀도가 높아지면 영혼이 맑아지고 영혼이 맑아지면 분별력이 좋아지니 모든 환경에 맞게 살 수 있어진다.

Human being's evolution is knowledge evolution. From time immemorial, human's knowledge has been evolved and so human's spirits have been purified and fulfilled as well.
* 인류의 진화발전이란 지식의 진화발전이었다. 지난 수천, 수 만년동안 인류는 그 지식을 발전시켜 이로서 영혼이 맑아지고 충만해지는 진화발전을 해왔던 것이다.

If you are a person of great amount of knowledge with personal avarices, you could turn this world into disorder. So as soon as a person of intellect is ruled by avarice, his or her mind will be clouded by Heavenly power and have no chance to use his or her knowledge. Thus, the intellect should lead a more public life, not a private one.

* 지식이라는 엄청난 에너지를 마신 자가 개인적으로 욕심을 내면 세상을 엉망으로 만들 수도 있다. 그래서 지식인이 사적인 욕심을 내는 순간 하늘이 그 눈을 깜깜하게 만들어 더 이상 지식의 힘을 쓸 수 없게 만들어 버리는 것이다. 그래서 지식을 갖춘 사람일수록 사적으로 살 것이 아니라 공적으로 살아야 하는 것이다.

When you realize what kind of knowledge you have completely, your heart will beat fast and something seems to stir yourself internally. It's about time you don't want to lead a private life any longer.

* 내가 갖춘 지식이 무엇이라는 것을 가슴 섬뜩하게 깨달을 때 심장이 터질듯이 끓어오른다. 그러고 나면 더 이상 사적으로 살 생각은 나지 않게 된다.

A person with little learning will have a smaller scale of viewpoint while a person with broad knowledge will draw a big circle and see the world more widely.
* 작은 지식을 갖춘 자는 작게 보고 작은 원을 세울 것이고 큰 지식을 갖춘 자는 크게 보고 큰 원을 세울 것이다.

Enlightened intellectuals will draw a circle on their bended knees in prayer and say to themselves, 'I will devote myself to the benefit of humanity'. As public figures they will give themselves to the welfare of mankind and then pass away without regrets and agony.
* 깨친 지식인은 하늘에 무릎을 꿇고 '나를 불살라 인류를 위해서 혼신을 받치겠다.' 는 원을 세운다. 그렇게 공인으로서 널리 사람들을 이롭게 하다가 원도 한도 없이 떠나 간다.

An awakened person puts forth every ounce of his or her energies and we call him or her the incarnation of Buddha.
* 깨달은 사람은 혼신을 불태워 모든 것을 다 받치는 사람이 되니 이 사람들이 바로 부처다.

Highly intelligent people, people who have plenty of hardships, people of wealth-these people need to be awakened first, for they are the very leaders who should lead the world.

* 누가 먼저 깨달아야 하는가? 인류의 지식을 최고로 많이 먹은 사람들, 고생을 최고로 많이 한 사람들, 최고의 경제를 갖춘 사람들이 먼저 깨달아야 한다. 이들이 세상을 이끌가야 할 사람들이라 그렇다.

In a knowledge-oriented society, power dynamics isn't admissible any longer. There is no applying power dynamics in politics or business. When you use the theory, you will fail in everything you do.

* 지식사회에서는 더 이상 힘의 논리가 통하지 않는다, 정치를 해도 힘의 논리를 들이 대면 물러나게 되고 기업도 힘의 논리를 들이 대면 접어야 한다. 힘의 논리로 갖다 대면 뭐든지 실패하는 시대다.

Our future is the age of bright prospect but that brightness is not concerned with power. Utilizing your knowledge wisely sheds light on the world.

* 미래는 빛을 내야 하는 시대다. 그런데 빛은 힘으로 내는 게 아니다. 지식을 갖추어서 그 지식을 지혜롭게 쓸 때 비로소 빛이 나는 법이다.

Knowledge of Truth 진리의 지식

You can't exert your power with general knowledge but need knowledge of high quality. And the knowledge of high quality is precisely the knowledge of truth.

* 오늘날은 일반지식으로는 힘을 쓰지 못하고 고질량의 지식을 가져야 힘을 쓸 수 있는 시대이다. 고질량의 지식이란 진리의 지식을 말한다.

By learning the knowledge of truth, your previous knowledge can be digested, upgraded and used greatly in your life.

* 진리의 지식을 공부하면 내가 가졌던 지식들이 소화가 되고 업그레이드가 되어 내 인생에 맞게 크게 쓰이게 된다.

As much as you add the knowledge of truth to general knowledge can you be purified and get energy and then change into a quality that can do anything.

* 일반지식에 진리의 지식이 들어가는 만큼 내가 맑아지고 힘이 생기고 뭐든지 할 수 있는 질량으로 변하게 된다.

When all the experiences and knowledge that I have accumulated meet the knowledge of truth, they will be interconnected with one another and formed into a new shape. All the happenings are organized in your mind and you will get to know the fact that nothing happening in the world is meaningless.

* 내가 이때까지 가지고 있던 경험과 지식들이 진리의 지식을 만나면 실에 구슬 꿰듯 다 이어져 새로운 모양으로 이해가 된다. 나에게 왜 그런 일들이 일어났었는지가 정리되고, 불필요하게 일어난 일은 아무것도 없었음을 알게 된다.

With the growing knowledge of truth, you will see the world clearly and know what was unknown just by hearing it, for the laws of nature are awakened within you in time.

* 진리의 지식을 한 뜸, 한 뜸 갖추다 보면 어느 순간 물리가 터져 세상이 보이고 전에는 몰랐던 것도 듣기만 하면 알게 된다.

Having the knowledge of truth doesn't necessarily mean your learning is complete. With the knowledge of truth, you will be able to tell right from wrong and your contradiction. So you will reflect yourself and straighten up your contradiction; this is real learning.

* 진리의 지식을 들었다고 다 공부가 되는 것은 아니다. 진리의 지식을 듣고 나면 옳고 그름을 알게 되니 내 모순을 찾을 수 있다. 이로서 내 모순을 반성하고 바르게 잡으려고 노력 할 때 공부가 되는 것이다.

The difference between the general knowledge and the knowledge of truth is you will get out of common knowledge which is stiffened like a steel plate after you meet the knowledge of truth.

* 일반지식과 진리의 지식이 다른 점은 진리의 지식을 접하면 강판처럼 굳었던 상식이 깨진다는 점이다. 그래서 새로운 길이 열린다.

After realizing the knowledge of truth, your stereotype will collapse. Otherwise your life won't see the progress for the better.

* 진리의 지식을 접하면 내가 고정관념으로 답이라고 묶어두었던 상식이 무너진다. 상식이 무너지지 않으면 더 나은 삶은 절대 열어갈 수가 없다.

Intellectual's Returning to Society
지식인의 사회 환원

When intellectuals come back to the society, they will think about the reason why the contradictory situation is caused and what kind of wrong they did and straighten up the contradictions in society.

* 지식인들의 사회 환원이란 이 사회의 모순들을 보고 '이런 모순은 왜 빚어졌는가? 우리의 잘못은 없는가? 어떻게 하면 바로 잡아 고칠 수 있는가?' 이런 것들을 찾아 정리해 주는 것이다.

The intellects' mission is to prevent their descendants from wasting their time by dealing with their ancestors' failures and worldly contradictions and to organize them into living right.

* 지식인들의 사명은 선대에서 실패한 것들, 세상의 모순들을 정리해 미래의 후손들이 다시 겪지 않게끔 시간낭비를 막아주고 인생을 바르게 살아가게끔 정리해 주는 것이다.

Suppose you distribute a large sum of money to the people. Is it possible to preserve the money? No. Money will go away easily and conflicts will be triggered for the money and things will be worsened.

* 백성들이 어렵다고 나라에서 막대한 재물을 나누어주었다고 가정해 보자. 과연 이것이 잘 보존 될까? 아니다. 재물은 현혹되어 당연히 뺏기고 이제부턴 빼앗긴 재물 때문에 싸움까지 나니 전보다 더 어려워지게 될 것이다.

The ignorant never know how to live well.

* 무식한데 잘 사는 법은 절대 없다.

The more you are ignorant, the harder your life will be. As you are lacking knowledge, your level of thinking quality is also low. However much material you may have, you don't know how to utilize them wisely.

* 지식의 수준이 낮으면 어렵게 살 수 밖에 없다. 지식이 부족하면 생각의 질량이 낮기 때문에 아무리 물질을 많이 줘도 그 물질을 운용할 수가 없기 때문이다.

Now is the time you need to conduct knowledge service, not material service.

* 지금은 물질을 나누어 주는 물질봉사의 시대가 아니라 지식을 나눠주는 지식봉사를 해야 하는 시대이다.

Change the concept of service. Giving materials such as rice and clothes to others is not service any more. Sharing knowledge with others is genuine service.

* 봉사의 개념을 바꾸어라. 쌀을 주고 옷을 주고 물질을 주는 것은 더 이상 봉사가 아니다. 지식을 나누어야 진정한 봉사가 된다.

By teaching the poor and the unfortunate, steer them to improve their levels of thinking quality. When your level of thinking quality is heightened, Mother Nature will surely lead you to live well.

* 가난한 사람, 불구한 사람들에게 지식을 가르쳐 생각의 질량이 나아져야 한다. 생각의 질량이 높아지면 잘 살도록 대자연이 분명히 이끌어 준다.

Some think of dancing, singing, and drawing as culture. But they are nothing but skills. What we call culture now is mental culture which gives people clear explanation of this question, 'Why do you come here, where are you going, and what are you doing?' and shows how to live right.

* 문화라 하니 춤추고 노래하고 그림 그리는 것을 생각한다. 그런 건 재주에 불과하다. 우리가 말하는 문화란 '우리는 왜 이 땅에 왔으며, 어디로 가기 위해서, 무엇을 하며 살고 있는가?' 이런 것을 명확하게 밝혀서 사람이 바르게 살게끔 이끌어주는 것을 말한다.

You can influence the world by knowing how to live right, how to live with the highest quality. This is the manifestation of the creation of mental culture. By studying the mental culture and showing the findings to the world, the intellects put their missions into practice.

* 사람이 바르게 사는 법. 사람이 살아나가는데 최고의 질량으로 사는 법. 이 법을 캐내면 세상을 다 움직일 수 있다. 이것이 정신문화를 창출한 것이다. 이 정신문화를 연구하여 세상에 내놓는 것이 바로 지식인들의 사명이다.

Since the beginning of Creation, there has not been as such big amount of money as now. There are overflows of gold and diamond as well. Technology is abundant and various, too. Without good use and operation of these, you can not be called an intellectual or a person of wisdom.

* 천지 창조이래 오늘만큼 이렇게 돈을 많이 빚어낸 적이 없다. 금덩어리도 다이아몬드도 땅 위로 이만큼 캐어 올린 적이 없다. 기술도 세상에 이만큼 빚어낸 적이 없다. 이것들을 바르게 쓰지 못하고 운영하지 못한다면 지식인이라 할 수 없고 지혜로운 사람이라 할 수가 없다.

The Age of Later Heaven, New Paradigm
후천시대, 신 패러다임

One hundred or one thousand years ago, people were not that intelligent. If you apply their old logics to present life, this is a contradiction. You need to have new logic suitable for present knowledge-oriented society.

* 백 년 전, 천 년 전의 시대는 무식시대였다. 그 때 빚어놓은 논리를 오늘에 가져다 쓴다면 이것은 모순이다. 오늘 같은 지식사회에선 오늘에 맞는 새로운 법이 나와야 한다.

In the future we need to cultivate the seed of humans, not the seed of plants. So you will reap humans, not grains.

* 미래는 곡식농사를 짓는 시대가 아니고 사람농사를 짓는 시대이다. 그래서 수확도 곡식이 아닌 사람을 수확하는 시대이다.

In the age of Early Heaven, people harvested crops from the earth while in the age of Later Heaven, people planted the right person and harvested human fruition and then brought glory to their life.

* 땅에다 씨앗을 심어 열매를 수확하던 선천시대는 지나갔다. 좋은 인연을 심어 사람을 수확하고 인생을 빛나게 열매 맺어야 하는 후천시대가 도래했다.

We don't say we live in affluence only because we can harvest more crops or produce more things. We are living in the age where we should equip ourselves with much knowledge, clarify our soul, be a leader in our society and spread our ideals.

* 후천시대는 곡식수확을 더 하고 물건 하나 더 만들어냈다고 잘 사는 시대가 아니다. 지식을 갖추어서 나의 영혼을 맑히고 사회의 지도자가 되어서 나의 이념을 펼쳐야 하는 시대이다.

People thought being a good-natured man was right during the age of illiteracy when they were wanting in knowledge. But being good is literally nothing but good and it is not connected with the concept 'right'. Being good without the right discretion only leads to nowhere.

* 지식이 부족했던 무식(無識)시대에는 착한 것이 바른 것이라고 생각을 했었다. 하지만 착한 것은 착한 것 일뿐 바른 것은 아니다. 바른 분별은 못 하고 착해 빠져 살면 인류는 건질 방법이 없다.

If you have general knowledge, you can be a man of common sense. Common sense is made up of the refined summary of general knowledge in our society. So if you live according to common sense, your life will be all right. But if you are against common sense, you will be in trouble. By the way, some people lead a hard life even though they possess general knowledge. That's where new paradigm is needed.

* 일반 사회지식을 다 갖추면 상식 있는 사람이 된다. 상식이란 일반 사회지식이 모여 최고로 정리된 것을 말한다. 그래서 상식대로 살면 잘 살게 되고 상식을 벗어나 살면 어려움을 당하는 것이다. 그런데 상식대로 살았는데도 어려워질 때가 있다. 이럴 때 신 패러다임이 필요한 것이다.

Current society is overflowing with general knowledge and if you don't break out of it and advance to an upper level, you won't be able to live in Later Heaven. You need to break stereotypes and the frame of common sense.

* 지금 사회는 상식으로 덮여 있는 상태라서 여기에서 한 단계를 더 깨고 넘어가지 못하면 후천시대를 살 수가 없다. 고정관념과 상식의 틀을 깨야 한다.

In the age of Later Heaven, new humanity begins. Don't stay in common sense but exceed your present level of general knowledge. Don't depend on past knowledge and instead, seek to arrange a new law and open your bright future.

* 새로운 인류가 시작되는 후천시대에는 상식에 머물러서는 안 되고 이제까지의 상식을 넘어서야 한다. 과거에 답이라고 정리해 놓은 것을 따라서는 안 되고 새로운 법을 정리해 나가야 미래를 열 수 있다.

Only breaking common sense can a new paradigm appear.

* 신 패러다임은 상식을 깨야만 나오는 법이다.

Through learning the knowledge of truth which leads to the law of Mother Nature, you can break the frame of general knowledge.

* 상식을 깰 수 있도록 해 주는 것이 대자연의 법칙을 바르게 아는 진리의 지식공부다.

Worldly Altruism and Future People

이타행, 이광공익

Material production doesn't enhance your moral virtue. Inferring the correct answer from wisdom and sharing it with the world are the greatest virtues.

*물질생산은 아무리 해도 덕행이 되질 않는다. 지혜에서 정답을 끌어내 인류에게 나누어 주는 것이야말로 최고의 덕행이 된다.

A meaningful and rewarding life means you lead a life for others not for yourself, which is called "acting on altruism (yitaheng).

* 뜻있고 보람 있는 삶이란 나를 위해 사는 것이 아니고 남을 이롭게 하며 사는 이타행(利他行)을 하는 것이다.

Altruism makes you lead a life that benefits others so you get respect from them. When you practice worldly altruism (yigwanggongik), you will be obscure and get no respect in present life but after death, you will be admired and be brought to light.

* 이타행은 살아서 존경을 받지만 이광공익은 살아서 빛이 나는 것이 아니고 세상을 떠나고 나서 이름이 나고 빛이 난다.

Acting on worldly altruism (yigwanggongik), you will be light and salt and be the tool to make all the people in the world lead lives right as long as human being exists.

이광공익을 행한 것은 빛이 되고 소금이 되어 자손만대, 인류가 존재하는 한 계속 인류전체를 바르게 이끌어 준다.

Chapter of Wu wei - Ziran : Non-action and Harmony with the Dao
무위자연(無爲自然)의 장

Mother Nature, God 대자연, 하느님

Even if a thing is of high density, it still has empty space in it. Thus Mother Nature's energy permeates in all creatures in the world and the energy flows automatically.

* 밀도가 아무리 강한 물질이라도 그 안을 자세히 들여다보면 다 허공이 존재한다. 따라서 모든 만물에는 대자연의 기운이 스며들지 않는 곳이 없고 그 기운은 스스로 통한다.

Our bodily matter is seemingly great but inside the body exists an empty void. Our body doesn't have powerful density to push away the empty space. So it stays floating in the air all the time.

* 우리 육신의 질량이 대단한 것 같아도 자세히 들여다보면 그 안은 다 비어있는 허공이다. 우리 육신은 허공을 물리칠 만큼 밀도가 강하지 않다. 그래서 항상 허공 속에 떠서 존재하고 있는 것이다.

The empty void looks really vacant but actually the empty void itself is a great energy with its own mass.

* 허공을 아무것도 없이 텅 빈 것 같이 생각하지만 허공 자체도 질량이 있는 거룩한 에너지다.

In fact, the empty void is God itself. So we are said to live in God and God has never left us up to now.

* 우리가 떠 있는 이 허공이 바로 하느님이시다. 그래서 우리는 하느님 안에 존재하고 하느님은 한 번도 우리를 떠나신 적이 없다고 하는 것이다.

God is omnipresent. He or She is with you while crying, laughing, sleeping or even having a bowel movement. So don't ever think God leaves you.

* 하느님은 네가 울 때도 같이 계셨고, 웃을 때도 같이 계셨고 네가 잠자고 똥 눌 때도 함께 하신다. 그러니까 하느님이 너를 버렸다는 생각은 하지마라.

Though your soul leaves your body some day and you may be in hell, God won't leave you at all.

* 육신을 떠나 영혼이 되고, 지옥에 간다 해도 너는 하느님과 결코 떨어질 수 없는 존재이다.

As you don't make efforts to advance and tend to lead a lazy life, God just waits for you. Still God is around you at all times.

* 하느님은 네가 나태하고 노력하지 않으니 그냥 둘 뿐이지 한시도 너를 버린 적이 없으시다.

Some people became rich by trying to become rich and some people got the power to try to catch power. These things are the result of efforts by people themselves created. God has never favored anyone.

* 어떤 사람은 부자가 되고자 노력해 부자가 됐고, 어떤 사람은 권력을 잡고자 노력해 권력을 잡았다. 그렇게 노력을 해서 스스로 빚어낸 것이지 하느님께서 누구만을 편애하신 적은 없다.

When you set off to exert yourself, the energy surrounding you will be reversed completely. 'The universal energy stays still and human moves and manages', this is what it means.

네가 노력을 하면 너를 감싼 에너지가 180도 바뀌어 동한다. "천지(天地) 기운은 가만히 계시사 인(人)이 동하느니라." 라는 말의 뜻이 바로 이것이다.

God used to send angels to lead you but now you yourself should exert your own energy and power. Only then God will help you.

*하느님이 천사들을 내려보내 이끌어 주시던 시대가 지났다. 이젠 너희들 스스로 힘을 발휘할 때다. 그럴 때 하늘이 돕는다.

When you begin to do something meaningful, God will be pleased and the grace will be upon you

* 우리가 뜻있는 일을 하기 시작할 때 하느님이 기뻐하시고 그 은총을 내려 큰 힘을 주신다.

God's purpose to lead us is to make us be more human and use the power of Mother Nature at our discretion.

* 하느님이 우리를 이끄시는 목적은 사람다운 사람이 되어 대자연의 힘을 스스로 쓸 수 있길 바라시는 것이다.

The Law of Mother Nature, the Greatest Law (Jungbub) of Truth 대자연의 법칙, 진리의 정법

The law which makes 3 or even 100 people keep centered on, show no decentralization, and solves any problems with ease is the Greatest Law (Jungbub).

* 세 명이 모여도 백 명이 모여도 그 마음이 분산되지 않는 법, 만인이 찬성하고 만인이 공감하는 법. 무엇이든 갖다 대는 대로 척척 풀리는 법이 천지 대자연의 법이고, 만인만법(萬人萬法)이며 천지대법인 정법(正法)이다.

We need a new law, Mother Nature's law which enables us to get over past logic and leads us to the future. We call it the Greatest Law (Jungbub)

* 과거의 논리를 넘어 미래로 우리를 이끌고 나갈 새로운 법, 대자연의 운행 법, 이것을 정법(正法)이라 한다.

If the Greatest Law (Jungbub) is the right version of solution explaining the principle of Mother Nature, there will remain no ascetics in the world, for throughout the ages, human beings have been building up their moral characters in order to find the right law and now that the right law exists, they find no need to discipline themselves.

* 정법이 천지대자연을 설명하는 바른 버전의 답이라면 이제부터 세상에 도 닦는 사람은 없어지게 된다. 세상에 맞는 바른 법을 찾기 위해 인류가 수 천, 수 만년 동안 끊임없이 도를 닦아 온 것인데 이제 바른 법이 세상에 나왔다면 더 이상 도를 닦을 이유가 없기 때문이다.

Those who are virtuous to others will get help, necessary tools, Heavenly energy and all you need from Mother Nature.

* 남한테 덕 되게 살고자 하는 자는 대자연이 스스로 도울 것이니, 필요한 연장을 줄 것이고, 천기(天氣)를 줄 것이고, 네게 필요한 것은 무엇이든 다 줄 것이다.

Virtuous people don't demand anything but Mother Nature willingly grants the energy to them.

* 바르게 살아가는 사람은 뭘 달라고 빌지 않아도 대자연이 스스로 동해 준다.

If you blindly stick to Mother Nature and pray to get something from her, you are also inducing unclean energy towards yourself. Why do you urge Mother Nature to give anything that she doesn't voluntarily give you?

* 무엇을 얻기 위해서 하늘에 빌며 매달리고 있다면 무조건 탁한 기운을 당기고 있음을 알면 된다. 주지 않는 것을 왜 달라고 하는가?

Clean energy flows naturally and automatically so there is no use you making haste. The very act of demanding itself has already induced unclean energy

* 맑은 기운은 네가 각을 놓지 않아도 스스로 동하니 네가 달라 마라 할 것이 없다. 달라고 하는 그 자체로 이미 탁한 기운을 일으킨 것이다.

The energy of Mother Nature is managed by human beings. As we don't realize it correctly yet, we don't use the energy wisely.

* 대자연의 기운은 사람이 운용하는 것인데 바르게 깨우치질 못해서 그 기운을 못 쓰고 있을 뿐이다.

When you open your mind to do something for the world, you will clearly know it.

* 세상을 위해 뭔가를 하고자 마음을 낼 때 비로소 세상도 보이는 법이다.

Open your mind broadly and study the energy of Mother Nature and you can take advantage of it.

* 마음을 크게 열고 키우는 공부를 하라. 대자연의 어떤 힘도 끌어다 쓸 수 있게 된다.

The Law of Energy Distribution of Mother Nature 대자연의 에너지 분배법칙

There are some who live on an austerity diet and others who live in affluence. There are laughers of the half and weepers of the half as well.

* 세상엔 어렵게 허리띠를 졸라 매고 사는 사람들이 있는 만큼 아주 풍요롭게 사는 사람들이 있다. 세상에 웃는 사람이 반이면 우는 사람이 반이다.

As you are coexistent with those who live in distress with disability, you are now living with good health and good humor.

* 몸이 불구한 채 고통 속에서 사는 사람들이 있기에 네가 건강한 체력을 가지고 웃으며 살아가고 있는 것이다.

Who do you think take the share of those who cry hardest? The greatest laughers will take the lion's share. Who do you think will take the share of the most worthless people? The most excellent people will. In this way, we are all intertwined with one another.

* 제일 많이 우는 사람의 몫은 누가 가져갔는가? 제일 많이 웃는 사람이 가져 간 것이다. 제일 못난 사람들의 것을 누가 가지고 있는가? 제일 잘난 사람들이 가지고 있다. 이렇게 인연의 고리가 걸려 있었던 것이다.

There are the laws of energy distribution in Mother

Nature. As all things have their respective energy mass unit, we can bring things to completion. That's why Mother Nature made all energy mass gather at one point. So we can now produce good results, have power and find the correct way.

* 대자연에는 에너지 분배 원칙이 있다. 에너지 질량이 전부다 똑같은 분포로 깔려있어서는 큰일을 해낼 수가 없다. 그래서 에너지 질량이 한 군데로 모일 수 있도록 만들어 놓은 것이다. 이럴 때 비로소 열매를 생산할 수 있는 힘이 생기고 길이 열리기 때문이다.

You may wonder why Mother Nature gives all energy centered on you while she renders the other people to be in such distress and need. It's because you, a very intelligent being, get their energy and create intellectual powers to show them a better world- it's Heaven's Will.

* 세상 한 쪽은 저렇게 어렵게 해놓고 네게는 힘을 모아 실어 준 이유는 그 힘을 먹고 아주 지적인 에너지를 창출해 모든 백성들이 골고루 잘 사는 세상을 만들어 달라는 하늘의 뜻이다.

Distinguishing Good from Evil 선과 악의 분별

The notion of virtue and vice is originally from human logic but it was nonexistent. Human being's judgement divides it and calls what is acceptable virtue while what is unacceptable vice.

* 선악이라는 것은 인간의 논리로 만들어진 것 뿐이지 본래부터 존재하던 것은 아니다. 인간이 분별해서 자기에게 맞는 것은 선이라 하고 자기에게 맞지 않는 것을 악이라 한 것뿐이다.

All things present in the world can't be divisible in such a way, for they have their own reasons for existence and we should express gratitude for them.

* 세상에 존재하는 모든 것은 인간에게 필요해 방편으로 빚어진 것이니 선이라고 부를 것이 없고 악이라고 부를 것도 없다. 모든 것이 그저 고마운 것 뿐이다.

All visible things have beneficial effects on you, so don't choose this one or discard that one, which is divided by your own notion of virtue and vice. Just unite them together and use them.

* 세상에 보이는 모든 것은 나한테 고마운 작용을 하게끔 되어 있는데, 네 분별로 반은 놓고 반은 들어 버리니 선과 악이 나뉜 것이다. 모든 것을 하나로 풀어 써야 한다.

What you define as vice is what you can't manage to digest within you. But if you have the energy to accept it, you don't see the thing you considered vice as vice any more.

* 내가 어떤 현상을 악이라고 보니 마음이 그걸 소화하지 못 해 걸린 것이다. 내가 만약 그걸 소화할 수 있는 기운을 갖는다면 지금까지 악이라고 불리던 행동도 더 이상 악으로 보이지 않게 된다.

Flagrant murder is called sin. But as there are no reasons you are killed, nobody will come to kill you. If you don't have reasons to be killed, Mother Nature won't make your enemy.

* 극악무도한 살인을 했다고 죄라 한다. 그러나 네가 죽을 일이 없다면 아무도 너를 죽이러 오지 않는다. 네가 죽을 일이 없다면 대자연에서는 그 상대역을 만들지 않는 법이다.

Is murder vice? When you really hope to kill yourself but you have no courage to do that, if somebody approaches you and kills you, this is virtue. On the contrary, if you don't feel like dying yet and somebody tries to kill you, then he or she is a fragrant murderer and it is called vice.

* 살인이 악인가? 내가 진짜 죽고 싶은데도 죽지 못해 살고 있을 때 누가 찾아와 나를 죽여준다면 이건 선이다. 반대로 아직 죽고 싶지 않은데 나를 죽이니 극악무도한 살인자이고 악이라 하는 것이다. 이처럼 우리의 논리 기준에 따라서 얼마든지 변할 수 있는 것이 선이고 악이다.

When the time is ripe for you to deserve death, somebody will come to you to take your life. But there is law in practice that you bring the energy to yourself and the murderer is led by your energy after all. So you have no qualifications to blame others.

* 네가 죽을 짓을 했고 죽을 때가 되었기에 살인할 상대가 온다. 네가 그 기운을 불렀기에 상대가 오는 것이지, 상대가 너를 해치려고 이유 없이 오는 법은 절대로 없다. 그래서 누구도 나쁜 사람이라고 욕할 수 있는 자격이 네게 없다는 것이다.

If you kill somebody, is it sin? You are a criminal in the society while you are not a sinner in Mother Nature.

* 살인을 했다. 죄인가? 인간 사회에서는 죄일지 몰라도 대자연에서는 죄가 아니다.

Mother Nature hasn't given us the right to tell right from wrong. The notion of vice and virtue doesn't belong to human beings

* 인간에게 뭐가 선이다, 뭐가 악이다 잣대를 대서 분별할 자격을 대자연이 주지 않았다. 선악은 인간이 분별하여 정할 수 있는 것이 아니다.

You don't know you are a villain yourself. But when somebody calls you names and harrass you, you will hate him or her. So you call him or her a villain. By the way, with all the blame you are told, if you reflect on your wrongdoing and decide not to repeat it again, you call him or her your benefactor, your guardian angel.

* 내가 망나니짓을 할 땐 스스로 망나니임을 모른다. 이 때 누가 나를 욕하고 핍박하니 밉고 싫어 악인이라 한다. 그런데 그 소리를 듣고 깨우쳐 다시는 이런 삶을 살지 말아야겠다고 반성해서 내가 거듭났다면 이 사람은 바로 은인이요, 수호천사다.

We sometimes condemn someone for his or her wrongdoing based on our own notion of right or wrong. Nobody in the world has the capability to do that. Instead, those who do such condemnation will be punished, which is the law of this world.

* 우리가 선이다 악이다를 구별해서 누군가를 매도(賣渡)한다. 그러나 매도 받아도 될만한 사람은 세상에 존재하지 않는다. 도리어 매도하는 사람을 다시 벌주는 것이 지상의 법도이다.

Creation of Villain 악인 창조

As men made the corrupt world, a villain like Hitler came to this world. It is men themselves that bring and then solve the problems.

* 인간들이 혼탁한 세상을 만들어냈으니 히틀러 같은 사람이 등장해 천둥번개가 치는 것이다. 이 세상에 천둥번개가 치게끔 만든 것도 인간이고, 그걸 정리하는 것도 인간이다.

All the happenings in the world are triggered and destroyed by human beings and God doesn't make villains. So don't ever blame God.

* 이 지구에서 일어나는 일은 뭐든지 인간이 빚어내고 인간이 파괴하는 것이지 하느님이 악인을 창조한 것이 아니다. 그러니 하느님을 탓하면 안 된다.

Human beings are not born to play the parts of villain. We only act on the situation.

* 세상에 악인역할을 하려고 온 사람이 있는 것이 아니라 자라면서 상황이 그렇게 된 것이다.

Don't jump to the conclusion that a person is a villain just because he or she does something wrong in the society. As the sky is covered with clouds and according to the flow of physical laws, raindrops falls, our life will lead us into murdering when corrupt energy is gradually accumulated and comes to the stage of unbearable moment, it is what society unintentionally bring about. When the time is ripe, something wrong will happen to itself.

* 사회에 어떤 그릇된 일을 했다고 해서 악인으로 보지 마라. 하늘의 구름도 모이고 모여 물리(物理)가 일면 빗방울로 떨어지듯, 인간이 살면서 쌓은 탁한 기운이 조금씩 누적 되다가 어느 순간 양이 차면 물리가 일어 살인까지 일어난다. 사회에 그릇된 일이 나올 때가 되면 그런 일은 스스로 빚어지는 법이다.

People accumulated unclean energy and made a horrible vortex in the past and consequently, a Hitler and a Stalin came into being. It's not God's intention to make such villains.

* 인간들이 살아가면서 계속 빚어낸 탁한 기운들이 모여서 엄청난 소용돌이가 일었던 것인데 마침 그 담당이 히틀러가 됐고, 스탈린이 됐던 것이지 하느님이 그들에게 악행을 하게끔 보낸 것은 아니다.

Who proved a man to be villain and what is good? Looking closely into it, there is no vice or virtue separately. It is only the result of the requirement of the times.

* 악인이라고 누가 증명을 했으며, 어떤 것이 선하다고 누가 증명을 했는가? 그 안을 면밀히 들여다보면 선도 악도 따로 존재하지 않는다. 시대적으로 행한 일이 있을 뿐이다.

In the changes of times, there must be a leading figure that needs to deal with hard tasks. Don't measure others but face up to the times.

* 시대를 바꾸고 정리하는 데는 주인공이 하나씩 꼭 필요하다. 아주 어려운 일을 처리해야 할 때 필요한 사람들이 만들어지는 것이니 그 사람들을 평가하려 들지 말고 시대를 직시하라.

During the whirlwind of World War II, we saw a pool of blood. But it became a driving force to straighten up many things and open a new age. After the war, people learn to take precautions and establish orders. That's why we don't go through such big conflicts. In this way, we will make a world open for future.

* 2차 세계대전이라는 엄청난 소용돌이가 일어 피바람이 불었지만, 많은 걸 정리하고 새 시대를 열어가는 원동력이 되기도 했다. 그 희생을 먹고 살아난 사람들이 서로가 조심하는 분위기도 만들어 냈고, 여러 가지 질서를 만들어 냈기 때문에 2차 대전이후 오늘날까지 인류에 큰 분쟁 없이 발전을 해온 것이다. 이렇게 미래를 여는 시대를 만들어 낸 것이다.

During the Second World War, lots of innocent people were beaten to death or torn to death but it's only the death of their physical bodies and the pain of their souls won't last long. There is the time souls can either stay the same or be arranged.

* 2차 세계대전 때 죽은 사람들이 전부 다 원망스럽게 죽고, 맞아 죽고 찢어져 죽었으나 그것은 육신이었을 뿐 영혼들이 계속 그런 상태로 가진 않는다. 영혼들이 그렇게 머물 때가 있고, 정리될 때가 있다.

On the basis of what the dead have built, they will get new bodies to live new lives. Then did Hitler do wrong? He did nothing but his own role. If we don't understand his role fully, he will remain as a vicious man while if we understand the context and make it our equipment, he can be the benefactor of mankind.

* 희생을 하고 죽은 영혼들이 좋은 삶을 이루어놓은 바탕에 육신을 받아 다시 와 살게 될 텐데, 그렇다면 히틀러가 나쁜 일을 한 것인가? 시대적으로 자기 역할을 한 것일 뿐이다. 이 역할을 우리가 소화를 못하면 나쁜 자가 되는 것이고, 우리가 소화를 잘 해 좋은 세상을 여는 밑거름이 된다면 이들도 은인이 된다.

There is no good man just like there is no villain. We see only whether you do your role sincerely or not

* 세상에는 악인이 없듯이 선한 자도 없다. 너의 역할을 충실히 했느냐 못했느냐만 있을 뿐이다.

Don't try to wield measuring sticks thoughtlessly by judging right and wrong arbitrarily. It is that you overstep human authority. The world of the future will be much brighter if you unravel this contradiction of the world well and it will not be out of the clouds of history if you stay the same as the past.

* 선도 악도 너희들이 분별해서 함부로 잣대를 대고 벌하려 들지 마라. 그것은 인간이 해서는 안 될 월권행위다. 이런 모순을 깊이 만져서 잘 풀어낸다면 미래의 세상은 아주 빛날 것이고, 여기에만 머물러 있다면 먹구름이 벗어지지 않을 것이다.

Don't hate others or you will live in distress.

* 사람을 미워하지 마라. 사람을 미워하는 사람은 고통 속에 갇혀 살게 될 것이다.

Killing Living Creatures 살생(殺生)

There is the food chain and all living things come and go accordingly. The death of animals and plants is just an expedient of nature's circulation.

* 대자연에는 먹이사슬이 있어 모든 생명이 생하고 멸한다. 이처럼 동식물의 나고 죽음은 자연을 순환시키기 위한 방편일 뿐이다.

Taking lives of living things is called killing. Imagine you cut the head of a live chicken? Is it an act of killing? It is. Imagine again that there came a storm or scorching heat and animals died. What do you think of it? Is it killing, too? Yes, it is. Then is there any difference depending upon the performer of the deed of killing? The judgement is made by men.

* 살아있는 생명을 죽이는 것을 살생이라 한다. 그렇다면 내가 산 닭의 모가지를 잘랐다. 살생인가? 살생이다. 태풍이 불고 뜨거운 태양 볕이 쪼여 동물들이 죽었다. 살생인가? 살생이다. 그렇다면 누가 죽인 것은 죄가 되고, 누가 죽인 것은 죄가 아니란 말인가? 이러한 분별은 사람이 한 것이다.

We are told not to kill any living things but we sometimes need to kill them and at other times we need to cut down trees. When the benefits from the act of killing animals and cutting trees down directly come back to human beings, the death gets to have the highest value.

* 살생을 하지 마라 하는데 동물을 잡을 땐 잡고 나무를 벨 때는 베어야 한다. 나무를 베고 동물을 잡아 그 혜택이 직접적으로 인간에게 돌아갈 때 희생한 생명이 최고의 가치를 갖게 된다.

There does exist the term 'killing' but there is no notion of it in Mother Nature.

* 세상에 살생이란 단어는 있으되 죄가 되는 살생이란 대자연에 존재하지 않는다.

The term 'killing' exists but originally no killing comprises sin. We do killing with good reason. Some people can kill cows or chickens for they have the nerve to do it and you don't for the lack of that nerve. So don't be obsessed by the idea that killing is sin and besides, don't look down on butchers for their act, for it's their occupation.

* 살생이라는 단어는 있으되 본디 죄가 되는 살생은 없다. 살생은 할 일이 있어서 하는 것이다. 소도 닭도 잡아 필요한 것을 취해야 되는데 저 사람은 죽일 수 있는 간담이 되어 죽이고 나는 간담이 약해서 못 죽이는 것뿐이다. 그러니 이제는 살생이 죄라는 얽매인 생각을 벗어야 하고 살생을 업으로 삼는 도축업자들을 천시해서도 안 된다.

Killing itself is not a sin but when you have the meat but don't value its worth, that becomes a sin.

* 살생을 해서 죄가 아니고 살생을 해서 그 고기를 먹어 놓고 그 값어치를 못하는 것이 죄가 되는 것이다.

Do you agree that killing is sin? Killing itself is not sin but the idea that killing is sin is sin, for you are overcome by the idea and don't live your life well, which is sin.

* 살생이 죄인가? 살생 그 자체는 죄가 아니지만 살생이 죄라고 생각하는 그 자체가 죄다. 그 생각에 묶여 내 인생을 바르게 못 사니 그것이 죄가 된다.

Let's say you are a butcher and have a guilty conscience, thinking 'I killed so many animals that I would suffer great punishment'. As you are possessed by this thought, you will fall into the hell for the sin of butchery in the spiritual realm.

* 도축업을 하여 '살생을 많이 했으니 지은 죄가 크다.'고 죄책감을 가지면 이 생각에 묶여 영혼 세계에 가서도 살생 죄인으로 살생지옥에 빠지는 것이다.

Your own obsession leads you to the hell. So get out of the obsession and the hell as well.

* 네가 묶인 집착이 네가 갈 지옥을 만드는 것이다. 그러니 이런 집착의 생각을 벗어야만 지옥도 벗게 된다.

Human beings arbitrarily define this is life and that is

death. Actually there is no distinction between life and death. So don't think too much of physical death and life and try to be enlightened with the depth of the course.

* '이것을 삶이라 하고 저것을 죽음이라 하자.' 하고 인간이 분별 해 놓은 것이지 본래는 죽음도 없고 삶도 없는 것이다. 육신이 죽고 사는 것은 생사(生死)와 오고 감에 대한 깊이를 깨우치기 위한 방편으로 존재하는 것일 뿐이니 거기에 매이지 말라.

Purity and Impurity 맑음과 탁함

Stars in the night sky look beautiful, for they are made up of unclean energy such as dust and gas in the universe. And the extremely clean macrocosm is not invisible, for it is not composed of minute particles of energy but is in the widespread condition. So, the invisible is clean while the visible is unclean.

* 저 밤하늘의 반짝이는 별이 아름답게 보이는 것은 우주의 먼지, 가스 등 탁한 기운이 뭉쳐있기 때문이다. 반면에 맑디맑은 대우주는 아주 미세한 기운들이 널리 퍼져 분포되어 있기에 봐도 보이지 않는다. 즉, 안 보이는 것은 깨끗한 것이고, 보이는 것은 탁한 것이다.

A glow in the sky at sunset looks beautiful, for unclean residues of energies are prevalent in the air. Without the aerial particles, we won't have the chance to see the beauty of glow in the sky. Likewise, what we consider beautiful visually does have dirt, cloud, unclean stuff in it and we perceive it beautifully by seeing the light reflected from it. Behind the beauty is various kinds of residue and without it, nothing can be seen.

* 해 질녘 노을이 아름다운 것은 대기에 탁한 찌꺼기들이 있어서이다. 대기가 아주 티 없이 맑다면 노을의 아름다움은 보이질 않는 법이다. 이처럼 우리가 아름답다고 말하는 것들에는 먼지나, 구름 등 탁한 것들이 끼어 있어 반사되는 그 빛을 보고 아름답다고 하는 것이다. 즉, 아름다움 뒤에는 찌꺼기가 있는 법이고 티 없이 맑은 것은 아예 보이지를 않는 법이다.

The macrocosm is not invisible because there is nothing in it. As there is no range of residue from unclean energy, it looks dark. It passes through the light directly and doesn't reflect anything, which is why we can't see it with our eyes.

* 대우주가 아무 것도 없어서 보이지 않는 것이 아니고 기운들이 아주 맑게 퍼져 있어서 깜깜하게 보이는 것이다. 빛이 있더라도 너무 맑아 그냥 통과 해버리고 반사되는 것이 아무것도 없기에 보이지를 않는 것이다.

Extraterrestrial 외계생명체

Do aliens exist in our Galaxy? They sure do. Definitely. They exist in the shape of seeds which can germinate in time. Earthly evolution of life is caused by those alien seeds, which meet with water, are satisfied with opportune temperature, germinate and evolve themselves into life. Like this, there are a myriad of seeds of life in the macrocosm.

* 우리 은하계 안에 외계생명체가 존재하는가? 물론이다. 분명히 존재한다. 다만 언제든지 발아할 수 있는 씨의 형태로만 존재할 뿐이다. 지구에 생명의 진화를 일으킨 것도 외계에서 들어온 씨들이 물을 만나고 온도가 맞아 이것들이 발아해 생명으로 진화한 것이다. 대우주에는 이처럼 무수한 생명의 씨앗들이 존재한다.

When there is a need to reduce the volume of human population from time to time, the seeds from outer space sprout and attack us with horrible diseases or bring about big wars.

* 한 번씩 인류의 인구를 크게 줄여야 될 때 외계에서 이 씨들이 들어와 발아해 큰 병이 돌고 큰 전쟁도 일어나는 것이다.

Men can take hundreds of thousands or millions of lives in a war. However, if the disaster is caused by Mother Nature, an enormous number of lives will be taken just at one time.

* 인류가 전쟁으로 죽이는 인구는 몇 십만, 몇 백만 명에 그친다. 하지만 대자연이 뒤흔들면 한번에도 엄청난 인구를 줄여 버린다. 대자연이 정리하면 흔적도 없이 사라졌다가 다시 외계에서 씨를 들여와 발아하고 진화하여 생명체를 만들고 했던 것이다.

So do aliens exist? Living things from outer space do exist but no aliens exist. All things in Mother Nature except for human beings are composed of heaven energy and earth energy. All living creatures in the world as well as the sun, the moon, and stars are made from the energy given from heaven. Only human beings are added with human energy which composes the sum of Heaven, Earth, and Human energy. Being Humanity needs human energy and only human beings in the macrocosm bear that human energy. So it proves aliens don't exist.

* 그렇다면 외계인은 존재하는가? 외계생명체는 존재하지만 외계인은 존재하지 않는다. 대자연의 만물인 해와 달과 별 그리고 지구상에 숨 쉬는 모든 동식물들은 다 천기(天氣)와 지기(地氣)의 두 기운으로 만들어진 것이다. 오직 인간만이 여기에 더해 인기(人氣)가 보태져서 천, 지, 인 삼기의 합으로 만들어진다. 이처럼 사람이라 할 수 있는 것은 인기가 있어야만 가능한 것인데 대우주에 인기를 머금고 있는 존재는 지구상의 인간 밖에 없다. 그래서 외계인(外界人)은 따로 존재하지 않는다.

ABOUT THE AUTHOR

Shihyun Kim was born in South Korea and now lives in Amherst, MA. She obtained her Ph.D. in Religious Studies from the Academy of Korean Studies in 2011, and then taught at the San Diego State University, University of Massachusetts at Amherst, Smith College, and Mount Holyoke College. She is a teacher and researcher of Korean language, history, religion, and culture. She has committed herself to introduce a new paradigm to the Western world for the development of a new human civilization.

www.ingramcontent.com/pod-product-compliance
Lightning Source LLC
Chambersburg PA
CBHW071533040426
42452CB00008B/998